교과서 밖 세계사

진실인가? 거짓인가?
내가 알고 있는 이야기

시대인

과거라는 이름의 또 다른 오늘

'역사는 승자의 기록'이라는 말이 있다. 기본적으로 역사를 기록하는 이들이 투쟁에서 승리한 자들이기 때문이다. 즉, 공은 과하게 드러내고 실은 은폐하거나 축소하는 등 승자의 입맛에 맞게 역사가 왜곡된다는 의미쯤 되겠다. 이 때문에 역사학계에서는 폭군이나 간신, 악인으로 낙인찍힌 이들을 재평가하려는 시도가 이어지고 있다. 광해군처럼 초기의 평가와 후기의 평가가 극명하게 달라지는 경우는 더욱 그러하다. 물론 승자라고 해서 무조건 자신들에게 유리하게만 기록했다고 볼 수는 없다. '역사는 승자에 의해 쓰였다'라는 것은 분명하지만 그게 곧 '역사는 승자에 의해 조작되었다'는 아니기 때문이다. 《조선왕조실록》을 당대의 왕이 볼 수 없게 한 것이나 죽음으로 조작에 저항했던 사관들도 있었으니까.

하지만 조작이든 아니든 분명한 건 학교에서 배운 역사는 좀 지루했다는 것이다. '감정 없이' '있는 그대로'의 기록이 주는 '긴장감 없음' 때문이기도 할 테고, '이걸 왜 배워야 하는 건데' 하는 의문으로 인한 '거부감' 때문이기도 할 테다. 그런 의미에서 이 책은 학교와 교과서가 외면한 진실과 더불어 재미를 찾아 나섰다. 역사책 뒤편에 숨겨진 이야기와 흥미롭지만 의미에 밀려 기록되지 못한 이야기, 그리고 오늘을 살고 내일을 만들어가야 할 내가 반드시 제대로 알고 있어야 할 이야기들을 때로는 키득거리며, 때로는 묵직하게 담았다. 원래 역사란 과거 우리의 이야기다. 오늘이 스펙타클하듯 과거의 그날도 그랬다. 고루하고 케케묵은 과거로가 아니라 또 다른 이름의 오늘로 그날을 대할 수 있기를 바라본다.

CONTENTS

교과서 밖 세계사

조선 청년,
기차로 베를린을 가다

2018년 4월 27일 판문점에서 남과 북의 두 정상이 만났다. 11년 만이었다. 날씨도 화창하니 아름다웠던 그날, 우리에게는 종전과 평화라는 두 가지 메시지가 성큼 다가오는 듯했다. 두 정상은 손을 잡고 한 뼘도 되지 않는 남북의 경계를 넘나들었고, 그 장면은 온 세계의 탄성을 이끌었으며, 우리에게는 탄성을 넘어 코끝이 찡하고 가슴이 먹먹해지는 감동으로 다가왔다. 종전이 현실적으로 크게 다가오지 않는 소시민에게도 "이제는 평양 옥류관에 직접 가서 평양냉면을 먹을 수 있는 거 아냐?" 하는 설렘을 품게 했다. 그리고 블라디보스토크가 아니라 부산에서 기차를 타고 프랑스 파리까지 갈 수 있을지 모른다는 희망도 품게 했다.

실제로 4·27 남북정상회담 이후 문재인 대통령은 9년간 끊겼던 경의선 철도를 복원하겠다는 의지를 강하게 내보였다. 그런데 2018년 남북 화해분위기 속에서 나온 경의선 복원이라는 청사진은 문 대통령이 '금강산, 원산, 청진, 나성을 남북이 공동개발하고 서울~베이징 고속교통망을 건설해 한반도를 동북아 산업·물류·교통 중심지로 만들겠다'고 한 대선공약과도 맞물리고, 2017년 6월 제주도에서 열린 아시아인프라투자은행 총회에서 '아시아 극동의 종착역인 한반도가 철도로 연결될 때 새로운 육상·해상 실크로드가 완성된다'고 강조한 것과도 연결선상에 있다. 그렇게 다시 품게 된 희망은 2018년 12월 '동·서해선 남북 철도·도로 연결 및 현대화 착공식'으로까지 이어지면서 어쩌면 곧 현실이 될 수 있겠다는 기대로 이어졌다. 물론 트럼프 전 미국 대통령의 오락가락 대북정책과 딴지로 지지부진의 상태를 면하지 못했지만….

한반도는 섬이 아니다

현재 우리는 해외로 가려면 배나 비행기를 타야 한다. 기차도 고속버스도 세계 제일을 자랑하지만 그것만으로는 가능하지 않기 때문이다. 그래서 한반도를 우리는 씁쓸한 마음으로 '섬 아닌 섬'이라고 말한다. 대륙과 연결되는 그곳에 여권만으로는 갈 수 없는 북한이 자리하고 있기 때문이다. 하지만 70여 년 전까지만 해도 한반도는 섬이 아니었다. '부산~서울~신의주~단둥~봉천~하얼빈~모스크바~파리'를 연결하는 철도가 운영되었으니까.

일찍이 서양제국주의를 모방해 힘을 키운 일본제국주의는 종이호랑이가 된 중국과 러시아를 누르고 아시아에서의 패권을 장악했다. 거칠 것 없이 한반도를 집어삼켰고, 만주에는 만주국이라는 꼭두각시 국가를 세웠다. 그리고 가장 먼저 철로를 놓았다. 쌀, 철, 금, 은 등 종류를 가리지 않고 수탈한 물자들을 수송하기 위해서였

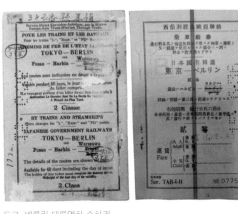

도쿄–베를린 대륙열차 승차권

다. 그렇게 한반도와 만주에 거미줄처럼 촘촘한 철도망을 구축했고, 일본으로까지의 수송을 위해 1911년 압록강에 철교도 놓았다. 시베리아

14

횡단철도가 만주철도로 갈아탄 후 다시 국경을 넘어 한반도를 관통하게 만든 것이다. 그날 이후 일본 도쿄역에서는 파리행 열차 승차권을 판매했다. 당시 일본에서 유럽을 가기 위해서는 배를 타거나 열차를 타는 것뿐이었는데, 동남아시아와 인도와 아프리카를 돌아가는 배보다 열차는 3배가량 시간을 아낄 수 있다는 점 때문에 상대적으로 인기가 높았다. 뱃멀미를 피할 수 있다는 점은 매우 유익한 덤이었다.

대륙을 횡단하는 이 국제열차를 이용하는 승객은 일본인이나 러시아 등 서양인들이 대부분이었다. 그러나 한국인도 적지 않았다. 망국의 한을 품고 임시정부와 독립군을 찾아가는 독립운동가들, 독립운동가로서 길을 떠난 아버지와 어머니와 형과 누이를 찾아가는 그 가족들, 수탈을 견디다 못해 고향을 버리고 만주로 삶의 터전을 옮겨가는 민초들, 생계를 위해 압록강을 넘나드는 보따리상들이 그들이었다. 1937~1939년 스탈린의 강제이주정책 때문에 우즈베키스탄, 카자흐스탄으로 쫓겨났던 조선인 1만 7,000여 명도 이 열차에 몸을 실었다. 독립운동가를 쫓는 순사나 밀정들도 그들 속에 숨어 있었다. 그런데 이들 중에 오로지 제일 빨리 뛰겠다는 꿈을 안고 열차에 오른 이가 있었다. 그는 자신의 목적지가 경성에서 얼마나 먼지 알지 못했다. 그저 열흘을 넘게 가야 한다니 멀긴 먼가 보다 했다. 베를린행 승차권을 잃어버릴세라 꼭 부여잡은 스물네 살의 청년, 그는 손기정이었다.

식민지 청년의 꿈을 싣다

청년 손기정은 일본에서 출발했다. 도쿄에서 기차를 타고 항구까지 간 다음 배를 타고 부산으로 갔고, 다시 경부선으로 경성까지 가서 만주열차로 갈아탔다. 열차는 신의주에 잠깐 정차했다가 속도를 올려 압록강을 건넜다. 낯서나 딱히 낯설지도 않은 황량한 농촌 풍경들 사이사이로 단둥과 봉천, 하얼빈을 지났고 만주리역에 도착했다. 여기까지 나흘이 걸렸다. 그러나 이제 시작이었다. 소련과 인접한 이곳에서 시베리아횡단열차로 갈아탔으니까. 다음 목지적지는 모스크바였다.

달리는 것만이 전부였던 청년의 주머니는 넉넉하지 않았다. 그가 산 승차권도 여객열차의 것이 아니라 화물열차의 것이었다. 그는 짐짝들 사이에서 웅크리고 잠을 잤고, 도쿄를 떠날 때 조선인들이

1936년 베를린올림픽 마라톤 우승자 청년 손기정

싸준 마늘장아찌와 장조림을 먹으며 밤의 한기와 낮의 열기, 그리고 고단함을 견뎠다. 또 좁고 한정된 공간은 선수에게 필요한 최소한의 컨디션 유지도 어렵게 했다. 그래서 열차가 역에 설 때마다 내려서 철길을 뛰면서 몸을 풀었다. 전쟁의 시절, 간혹 소련 철도망을 염탐하는 스파이로 오해받아 곤혹을 치르기도 했지만, 그만둘 수는 없었다. 그렇게 달린 열차와 청년은 1936년 6월 17일 마침내 베를린에 도착했다. 6월 4일 경성을 출발해 평안북도 신의주와 만주국 치하의 만주, 소련의 시베리아와 모스크바, 폴란드의 바르샤바를 거친 꼬박 13일의 대장정이었다.

그러나 베를린은 고단함의 종착지가 아니었다. 일본선수들과 달리 화물열차를 탄 고단함은 몸이 견디면 되는 일이어서 차라리 나았다. 베를린 주재 일본대사관 직원들은 "마라톤에 왜 조선인이 끼었느냐"고 비아냥거렸고, 허름한 숙소와 빈약한 식사로 일본선수들과 대놓고 차별했다. 정신의 고단함은 몸의 고단함에 비할 것이 아니라 했다. 그래서 청년 손기정은 몸의 고단함을 선택했다. 40여 일 남은 결전의 날을 기다리며 그저 연습에만 매달린 것이다.

그래서였을까? 청년 손기정은 1936년 8월 19일 강력한 우승후보였던 아르헨티나 선수 사발라를 후반 비스마르크 언덕에서 추월하면서 가장 먼저 결승점을 통과했다. 2시간 29분 19.2초. 당시 세계신기록이었다. 그러나 그는 대한제국이 아니라 일본의 선수였다. 장내 아나운서는 손기정이 아니라 일본식 손 기테이Son Kitei, そん きてい를 호명했고, 시상대 가장 높은 곳에는 태극기가 아닌 일장기가 올라

베를린 마라톤 우승기념 청동투구
(보물 제904호)

갔으며, 애국가 대신 기미가요가 울려 퍼졌다. 이에 청년은 우승기록지에 손 기테이가 아닌 '손기정'으로 서명하고, 일본선수단 축하파티 대신 베를린에서 일하고 있던 조선인들의 두부공장에서 열린 모임에 참석해 조촐하게 자축했으며, 현지 인터뷰에서 '나는 조선인'이라고 말하는 것으로 반발했다. 또 경성에서는 당시 '조선중앙일보'와 '동아일보'가 청년 가슴에 있던 일장기를 지워낸 사진을 개재했다.

영웅 아닌 죄인

어쨌거나 올림픽 영웅이 된 식민지 청년은 귀국했다. 또 화물열차를 탔냐고? 아니, 비행기를 탔다. 그럼 우승자, 영웅에 대한 우대차원이었냐고? 그것도 아니! 일단 그가 탄 비행기는 인도, 싱가포르, 일본, 울산을 거치는 그야말로 완행이었다. 도착하는 날을 예상할 수 없게 하기 위해서였다. 또한 그가 탄 비행기는 여의도에 내렸다. 당시 여의도는 마포와 육교로 연결되지 않아 시민 접근이 어려웠기 때문이었다. 심지어 일본경찰은 비행장 주변을 철저하게 통제했다. 그러다 보니 환영인사는 모교 양정고보 교장과 친형뿐이었다. 공항을 벗어나고서도 마찬가지였다. 전교생이 대규모 환영행사를 준비한 양정고보에는 들르지도 못했고, 카퍼레이드도 없었다. 모두가 기차로 도착했을 때 예상되는 경성역 광장의 환영인파를 막기 위한 일제의 꼼수였던 것이다. 그뿐이 아니었다. 그가 가는 곳마다 감시와 통제, 미행이 뒤따랐다. 사상범을 다루듯 몸수색까지 했다. 누가 봐도 죄인 취급이었다. 아니, 그는 죄인이었다. 감히 식민지 조선인 주제에 일본인을 제치고 앞으로 나간 죄인. 오죽했으면 세월이 흘러 노구가 된 손옹이 그때를 회상하며 "금메달을 반납하고 싶었다"고 했을까. 역사에 만약은 없다지만, 마라톤 영웅이 비행기가 아닌 대륙열차를 타고 경성역에 도착했다면 1945년 8월 15일 종로와 경성역 광장에 운집했던 태극기의 물결처럼 흰옷을 입은 환영인파가 기차역 광장에 가득했을 테다. 비록 태극기는 흔들지 못했겠지만, 빈손으로나마 깡마른 청년의 화려한 귀환을 함께 흥겨워했을 테다. 하지만 그날 청년 영웅의 귀환은 더없이 초라했고, 더없이 서글펐으며, 더없이 삼엄했다. 가슴 벅찬 환희도 자긍심도 없었다.

꿈을 꿔본다. 이 지루한 전쟁의 꼬리가 잘리고 철도가 이어지는 꿈을, 배낭을 둘러메고 서울역에서 베를린이나 파리로 가는 승차권

을 사는 꿈을, 그리고
낭만적이나 고단할 수
밖에 없는 여행의 마지
막 날 공항이 아니라
서울역에서 지하철이
나 버스를 타고 집으로
돌아가는 꿈을. 물론
그만큼 긴 휴가가 주어

광복 이후 첫 전국체전에서 선수단대표로 나서 눈물을 흘리는 손기정 선수

질지는 모르겠지만. 그래도 1936년보다는 좀 빨리 다녀올 수 있지 않을까?

시험장에 들기 전에
반드시 고양이를

2018년 10월 초 부산의 한 아파트 지하주차장에서 고양이 울음소리가 들려왔다. 한 달 전 세 마리 새끼를 낳은 어미고양이였다. 눈도 뜨지 못한 새끼들이 모두 죽었기 때문이었다. 독극물을 먹은 탓이란다. 사람을 경계하지 않는 새끼들을 겨냥한 학살이었다. 부천에서는 최근 몇 년 동안 어린 고양이들이 척추를 심하게 다친 채 발견되고 있다. 다리가 잘리거나 토막 난 사체도 발견된다. 인터넷에는 '길고양이 죽이는 법'을 알려주는 글이 공공연하게 유포되고 있다. 이처럼 전국 100만 마리로 추정되는 길고양이들은 오늘도 언제 들이닥칠지 모르는 해코지를 경계하기에 하루가 버겁다. 배곯음과 추위는 그나마 나은 편에 속한다 할까.

최근 고양이는 묘猫한 매력의 반려동물로 사랑받고 있다. 여기에는 1~2인가구가 늘고 있는 지금 산책을 시켜야 하고 배변훈련이 필요하며 목욕을 시켜야 하는 개보다는 비교적 키우기 용이하다는 현실적인 이유가 있다. 개보다 더 영리하고 감정이 더 드러난다는 점 또한 고양이가 사랑스러운 반려동물로 자리 잡는 데 일조하고 있다.

하지만 10년 전만 해도 우리에게 고양이는 결코 친근한 동물이 아니었다. 할머니 할아버지는 용왕이 준 구슬을 개로부터 빼앗았다가 물에 빠뜨린 욕심쟁이라는 둥 목숨을

변상벽의 〈묘작도(고양이와 참새)〉

23

아홉 개나 가진 영물이라는 둥 한번 해코지를 당하면 반드시 복수하는 영악하고 사악한 요물이라는 둥의 옛날이야기를 하면서 진절머리를 쳤고, 엄마 아빠는 쓰레기통을 뒤져 지저분하게 만든다든가 한밤중에 아기처럼 울어댄다든가 하는 현실적 문제 때문에 미워했다. 아이들은 밤늦은 귀갓길 모퉁이, 담벼락 위에서 불쑥불쑥 나타나 놀래킨다고 비명을 질렀다. 그러다 보니 지금도 길고양이들에게 밥 주는 사람들을 향한 손가락질이나 비난이 길고양이를 안타깝게 여기는 손길만큼이나 흔한 게 사실이다.

김득신의 〈파적도(破寂圖)〉

그럼 할머니의 할머니, 할아버지의 할아버지들은 고양이를 어떻게 생각했을까? 일단 고양이는 민화와 풍속화를 그리는 화가들에게 단골소재였다. '원래 우리 민족은 고양이를 좋아하지 않았다'는 말이 무색할 정도다. 생선을 슬쩍하는 고양이처럼 〈파적도〉의 고양이는 병아리를 물고 도망칠지언정 경악스럽지는 않다. 오히려 당황하는 사람들을 향한 여유로운 꼬리 짓이 못내 익살스럽다. 날벌레 사냥놀이에 빠진 고양이처럼 〈화묘농접〉의 고양이는 나비를 희롱하는 모양새가 엉뚱하다 못해 어린 새끼의 그것처럼 애교스럽다. 김홍도야 70세 노구를 상징했다지만 알게 뭔가.

김홍도의 〈화묘농접(黃猫弄蝶)〉

고양이를 보면 과거에 합격한다?

고양이는 야사 등을 모아 정리한 유몽인의 《어우야담^{於于野談}》에도 나온다. 1568년 시행된 별시의 전시를 하루 앞둔 날 저녁이었다. 신숙^{申熟}이란 이름의 선비는 몹시 초조했다. 아침부터 고양이를 찾아다녔지만, 어찌된 일인지 한 마리도 보지 못했기 때문이었다. 고양이를 키우는 친구 집까지 가봤지만 그날따라 마실을 갔는지 집에 없었다. 그는 크게 낙담하고 발길을 돌렸다. 그때 그의 눈이 번쩍 뜨였다. 길가의 한 점포 앞에 쭈그리고 앉아 있는 병든 고양이 한 마리가 눈에 들어온 것이다. 신숙은 재빨리 부채를 꺼내 휘두르며 겁을 줬고, 이에 고양이는 화들짝 놀라며 그의 앞을 가로질러 어디론가 휭 하니 달아났다. 그 순간 신숙은 10년 묵은 체증이 내려간 듯 홀가분한 표정으로 크게 기뻐했다. 그런데 그 뒤 이야기가 놀랍다. 목적한 바를 이뤘으니 기뻐했다는 거야 그러려니 하겠는데, 다음 날 그 덕에 과거시험에서 합격했다 하니 말이다. 사실 그에게는 고양이가 자기 앞으로 지나갈 때마다 시험에 합격한 경험이 있었다. 처음은 우연이라 생각했다. 하지만 우연이 거듭되자 그에게 고양이는 행운의 징조가 되어버렸다.

과거시험에서 합격했다는 것은 오늘날 행시나 사시에 합격하는 것과 비교할 만한 경사였다. 특히 대과 합격생 33명은 등수별로 종6품에서 정9품까지의 품계와 관직을 받았으니 대과합격증은 그야말로 출세의 보증수표였다. 그런데 당시 과거시험에는 나이와 학력, 응시횟수에 제한이 없었다. 그러다 보니 경쟁률은 수천 대 일을 넘기 일쑤였고, 때문에 10여 년간 꼬박 공부해도 대다수가 낙방할 수밖에 없었다. 또 유일하게 공인된 출세의 길이다 보니 몇 번을 낙방하더라도 매번 도전할 수밖에 도리가 없었다.

경쟁이 치열하면 실력 외에도 운에 의지하려는 사람들이 있기 마련이다. 수능철 유명 기도처나 무속인집에 사람들이 몰리듯 그 시절에도 과거시험이 다가오면 무속인집 문지방이 사람들의 발길로 닳았다. 행운의 징조로 여기는 것들도 있었다. 고양이가 바로 그랬다. 고양이가 자신 앞으로 가로질러 가면 시험에 합격한다는 것이었다. 당시 고양이 이미지가 그리 좋지 않았던 것을 생각하면, 특히 고양이가 길을 막는 것이나 밤에 고양이를 보는 것을 부정적으로 여겼던 것을 생각하면 정말 이상한 루틴이 아닐 수 없다.

목숨을 살리는 동물?

고양이가 목숨을 구해준 이야기도 있다. 전라남도 나주고을에 우부리라고 하는 자가 살았다. 그는 노비 출신이었지만, 그 딸이 채홍사에게 뽑혀 연산군의 후궁이 되자 딸의 권세를 믿고 마치 연산군의 장인이라도 된 것처럼 횡포를 부렸다. 이웃들의 토지를 강탈하는가 하면 남의 처자를 빼앗아 첩으로 삼기도 했다. 심지어 지방 관리가 마음에 안 들면 딸에게 일러 파면시켜 버리기도 했다. 상황이 이렇다 보니 고을의 민심은 흉흉해졌다. 그러던 차에 박상이라는 사람이 자진해서 전라도사로 부임해왔다. 부임 첫날, 예하 이속들이 우부리에게 '부임인사'를 가야 한다고 입을 모았지만, 박상은 오히려 나졸을 풀어 우부리를 잡아들였다. 박상은 본래 우부리의 죄를 밝히고 조정에 보고할 생각이었다. 그러나 우부리가 적반하장격으로 "네 놈의 목을 자르겠다"고 발악을 하자 나주 금성관 뜰에서 곤장을 쳐 죽이는 장살의 형벌로 그를 죽여 버렸다. 결국 이 일은 우부리 집안사람들이 쪼르르 한양으로 달려가 딸에게 이르는 통에 연산군의 귀에까지 들어갔다. 연산군은 크게 화를 냈고, 금부도사를 보내 박상에게 사약을 내리도록 명했다.

한편 박상은 그때 우부리의 죄상을 밝히는 보고서와 사표를 들고 한양으로 가고 있었다. 전남 장성 갈재를 넘어갈 때였다. 갑자기 고양이가 나타나더니 바짓가랑이를 물어 채면서 끌기 시작했다. 박상은 원래 가려던 길 대신 고양이를 따라갔는데, 그 시각 금부도사가 박상이 가려던 길로 내려오고 있었다. 결과적으로 길이 엇갈린 통에 박상은 살 수 있었다. 금부도사와 만나기 전 연산군이 중종반정中宗反正, 1506으로 쫓겨났기 때문이다.

고양이가 상징하던 행운이 언제부터 불행이 되었는지는 알 수 없다. 그러나 14세기 《목은시고牧隱詩藁》의 '고양이는 가축 중에 사람과 가장 친하고 생김새가 경쾌한 데다 성질도 잘 길드네'와 18세기 《동포집東圃集》의 '금묘야 부르면 금묘 곧 달려오니 사람 하는 말귀를 알아듣는 듯하였네' 같은 구절들이나 숙종이 산책 중에 발견한 길고양이에게 금덕이라는 이름을 붙여주고 애지중지했다는 이야기를 돌아보면 오랫동안 고양이는 개와 마찬가지로 친근한 반려였던 것은 분명하다. 그러니 쓰레기통을 뒤졌더라도 덜 미워하면 어떨까?

폭우가 혁명영웅의 운명을 가르다

벚꽃이 여린 가지 사이로 눈처럼 흩날리는 계절이면 아침나절의 차가운 공기에 놀라 두꺼운 외투를 입었다가 오후나절 따가울 정도의 햇살에 곤혹을 치르는 일이 부지기수다. 봄이 봄 같고 여름이 여름 같았으면 좋으련만, 도무지 마음 같지가 않다. 2020년에는 봄 가뭄으로 땅은 목말랐고, 가을장마로 과실은 추락했다. 폭염이 장기화된 여름 유럽에서는 분수대 가동이 중단된 데 이어 제한급수에 들어갔고, 겨울 북미에서는 폭설로 고립과 사고가 줄 이었다. 남반구의 호주는 장기화된 폭염으로 달궈진 대지 위에 화마까지 덮쳐 사선을 오갔다. 과학기술이 눈부시게 발전했어도 날씨는 여전히 신의 영역이라는 깨달음에 몸서리가 쳐진다.

날씨는 개인에게 많은 영향을 끼친다. 도시에 사는 소시민에게는 오늘 무엇을 입고 나가야 하는가 하는 고민의 이유가 되고, 농부와 어부에게는 그날 할 일의 순위를 결정하는 요인이 된다. 인류의 역사를 돌아보면 날씨가 국가 흥망성쇠를 좌우한 사례도 많다. 초대황제 아우구스투스가 집권했던 기원전 27년부터 약 400년간 온난한 기후 덕분에 이뤘던 로마제국의 황금기는 5세기 들어 종말을 맞는다. 추워지면서 흉년이 반복되었고, 결국 곡식창고가 텅텅 비어버린 탓이었다. 535~536년에도 유럽과 소아시아에 나타난 이상저온현상으로 굶어 죽는 사람이 속출했다. 이 와중에 흑사병까지 창궐했다. 그렇게 죽은 사람은 수년 동안 약 30만 명에 달했다.

로마제국 초대황제 아우구스투스(재위 BC.27~AD.14)

　당시 이상기온은 유럽만의 문제가 아니었다. 고구려와 신라에서도 가뭄이나 홍수로 흉년이 들어 수백 명이 죽었다는 기록이 있었으니 말이다. 장시간에 걸쳐 영향을 만들어낸 가뭄이나 이상기온만 문제였을까? 기원전 100만여 명을 이끌고 온 페르시아군대에 의해 스파르타 결사대 300명이 테르모필라이협곡에서 장렬하게 전사했을 때 절망에 빠진 그리스를 구원해준 건 페르시아 해군함정 1,237척을 파괴해버린 에게해의 폭풍이었다. 중국 후한 말기 손권과 유비의 연합군이 적벽대전에서 거둔 승리도 제갈량의 화공을 가능케 해준 바람의 변덕이 없었다면 불가능했다. 또 고려를 거쳐 일본에 쳐들어가려던 몽골제국의 함대가 힘 한번 못 쓰고 수장된 원인도 대한해협에 몰아친 태풍이었다.

공포정치로 혁명이 완수될 것이다

1789년 프랑스대혁명도 따지고 보면 악천후 영향을 완전히 배제할 수 없다. 혁명 1년 전 프랑스는 장기화된 가뭄으로 황폐한 대지에 우박까지 쏟아져 그야말로 대흉작을 맞았다. 그러나 루이 16세를 비롯한 프랑스 왕실에게는 당면과제를 해결할 능력도 인식도 공감도 없었다. 결국 배고픔을 견디지 못한 시민들이 들고일어났다. 이후 파리는 물론 전국 혁명광장에 단두대가 설치되었고, 그곳에서 루이 16세와 왕비 앙투아네트를 비롯해 수많은 귀족들의 목이 잘려나갔다. 단두대에서뿐 아니라 다양한 곳에서 다양한 사람들이 죽어나갔다. 그 죽음들 앞에 자비 따위는 없었다.

그리고 혁명의 이름 아래 자행된 무차별적 살상의 중심에 혁명영웅 로베스피에르가 있었다. 그는 혁명을 완수하기 위해 왕당파를 비롯한 적들에 대해 살생부를 만들었다. 그런데 로베스피에르의 살생부에는 국민공회의회의 의원들도 포함되어 있었다.

막시밀리앙 프랑수아 마리 이지도르 드 로베스피에르(1758~1794)

국민공회는 여러 분야의 전문가, 사업가, 상인을 포함한 745명의 의원으로 구성된 혁명 직후 프랑스의 국회였다. 모두가 혁명을 이끈 이들이었지만, 실질적으로는 하층계급에 더 많은 정치권력을 주자는 급진적인 자코뱅파와 부르주아의 공화제를 원한 지롱드파로 나뉘어 경쟁하는 구조였다. 그러던 차에 전쟁과 국내 반란에 대응한다는 목적 아래 자코뱅파는 파리코뮌의 노동자들을 사주해 지롱드파 의원들을 반혁명분자라며 끌어내고 즉석에서 지롱드파 29명에게 유죄를 선고한 뒤 독재권을 가진 혁명정부^{공안위원회}를 탄생시켰다. 그리고 자코뱅파 중에서도 가장 급진적이며 강력한 중앙집권과 혁명전쟁을 주장했던 몽타뉴파의 로베스피에르를 수장으로 선출했다.

로베스피에르의 혁명정부와 자코뱅파의 국민공회는 혁명완수라는 기치 아래 반대파들을 단두대에 세웠다. 그 결과 공포정치 1년 새 1만 7,000여 명이 단두대에 올랐다. 지방은 학살 수준이었다. 수백 명씩을 구덩이에 몰아넣고 대포를 쏘기도 했고, 낭트에서는 수천 명을 수장시키기도 했다. 반정부운동의 중심이었던 방데에서는 시민 25만여 명이 한꺼번에 죽임을 당하기도 했다.

국민공회 의원들도 혁명정부가 휘두르는 칼을 피해갈 수 없었다. 프랑스 역사상 최고의 과학자로 손꼽히는 라부아지에, 낭만주의 시의 선구자인 셰니에, 유명한 천문

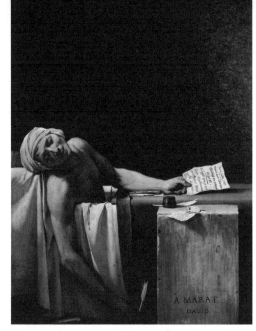

〈마라의 죽음〉(1793), 자크 루이 다비드

학자이자 혁명 초기 국민공회 의장이었던 바이이도 단두대 제물이 되었다. 공안위원회의 초대 위원장이었지만 갈수록 혁명정부의 공포정치에 반대하는 목소리를 키워갔던 당통도 피의 숙청을 피할 수 없었다. 혁명정부의 입이었던 유명 저널리스트 장 폴 마라가 한 여인에 의해 암살되자 배후로 지목되었기 때문이었다. 물론 공식적인 그의 죄목은 '왕당파에게 매수당했다'는 것이었다.

이런 상황에서 의회가 제 기능을 발휘한다는 것은 불가능한 일이었다. 이때 국민공회는 정부를 견제하고 법안을 발의하는 의회가

아니었다. 발안권發案權도 없었고, 하는 일은 혁명정부의 제안을 승인하는 것뿐이었다. 더 이상 토론도 쟁점도 정쟁도 없었다. 모든 것이 단두대 위에서 얼어붙고 말았다. 그러나 강력한 억압은 강력한 반발을 부르기 마련, 1794년 7월 27일 혁명정부의 급진정책과 공포정치에 반대한 이들이 지롱드파를 중심으로 들고일어났다.

1794년 7월 27일 체포되는 로베스피에르, 〈테르미도르 9일〉(1840), 레이몽 몽브와쟁

비만 오지 않았다면...

테르미도르 반동이라 불리는 그날, 로베스피에르는 체포되었다. 그러나 체포되기 한 달 전부터 로베스피에르에 대한 음모가 진행 중이라는 소문이 나돌고 있었다. 1년이나 계속되고 있던 공포정치에 대한 시민들의 환멸과 언제 죽을지 모른다는 반로베스피에르파의 두려움에 기인한 음모론이었다. 이에 로베스피에르는 반동 전날인 7월 26일 공회에 참석해 반혁명파를 숙청하겠다고 공식적으로 발언했다.

"혁명을 뒤로 돌리려는 음흉한 세력들이 있다고 한다. 블랙리스트를 확보했다. 배신자에게 죽음을!"

그러나 이런 강경한 태도는 반대파들로 하여금 그의 체포를 결의하게 만들었고, 결국 그는 다음 날인 27일 자신의 세력들과 함께 일시에 체포되었다.

물론 로베스피에르에게도 기회는 있었다. 애초에 그는 광장에 운집한 과격파 시민들에게 국민공회의 문제점을 알리고 공격을 선동하려 했다. 그런데 변수가 생겼다. 비였다. 갑작스레 폭우가 쏟아지면서 광장에 모였던 군중이 흩어져 버리고 만 것이다. 이로써 자신의 강력한 지지기반이기도 했던 시민들의 도움을 바랄 수 없게 되었다. 또한 이때는 이미 로베스피에르가 혁명정부 초기와 달리 온건해졌다고 생각한 자코뱅파 대부분도 그에게 등을 돌린 뒤였다.

설상가상 희망이 없다고 판단한 이유에서 자해한 것인지 체포과정에서 맞은 것인지는 확실하지 않지만 그는 체포된 직후 권총에 의해 턱이 박살이 난 상태였다. 밤새 좌절과 고통의 시간을 보낸 로베스피에르는 자신들이 반대파를 신속하게 처결하기 위해 민든 '프레리알 22일 법', 일명 공포정치법에 따라 재판정에서 유죄판결을 받고 동료들과 함께 단두대에 올랐다. 체포된 바로 다음 날이었다. 총상으로 연설을 할 수도, 유언을 남길 수도 없었다. 그래서 그가 마지막에 무슨 말을 하고 싶었는지는 알 수 없다. 하지만 어쩌면 이런 탄식 정도는 하지 않았을까 싶다. '그놈의 비 때문에…' 하고 말이다.

그날의 비는 로베스피에르에게는 마지막 기회를 앗아갔고, 반혁명파에게는 로베스피에르 등을 제거함으로써 재기할 수 있는 기회를 주었다. 그래서 프랑스 외교관이자 정치인 탈레랑은 파리에 폭우가 내린 그 순간을 떠올리며 "비는 반혁명적이다"라는 유명한 논평을 남긴다. 시민들을 독려하는 로베스피에르의 연설이 성공적으로 이루어졌다면 이후 왕당파의 반격이나 제정프랑스 없이 혁명이 완수되었을 것이라는 의미에서다.

1972년 유엔은 인간환경회의 슬로건으로 '하나밖에 없는 지구'를 채택했다. 그럼에도 지난 100년 동안 지구의 온도가 1도 올랐고, 그래서 초원이 사막이 되고 사막에 폭우가 내리고 봄과 가을은 사라지고 여름과 겨울은 갈수록 길고 독해지고 있다. 날씨는 슈퍼컴퓨터로도 예측이 불가능해졌다. 물론 예측이 가능한 날씨였다 해서 역사가 바뀌었을 것인가 하고 묻는다면 글쎄다 싶다. 그래도 그 예측불허가 지구온난화에 의한 이상기온 때문은 아니었으면 좋겠다.

와신상담, 보복의 기록

1660년 12월 4일, 영국의회는 표결을 진행했다. 1년 3개월 전에 이미 관 속에 드러누워 버린 누군가를 세상으로 다시 끌어내 단죄하자는 것이었다. 이른바 부관참시剖棺斬屍를 결정한 것이다. 결국 그 누군가는 무덤에서 끄집어내졌고, 목이 잘렸으며, 교수대에 매달려 일반과 조우해야 했다. 1661년 1월 30일, 두 달을 채 채우지 못하고 그의 목은 교수대에서 내려왔지만, 또다시 6미터 높이의 장대에 꿰어져 웨스트민스터궁의 중앙홀인 웨스트민스터홀을 장식했다. 그 후 그는 살았을 때는 상상도 못했을 치욕과 경멸을 무려 24년 동안 받아내야 했다. 실제로 그 영혼이 그렇게 받아들였을지는 모르겠지만.

올리버 크롬웰, 부관참시를 당하고 24년간 장대 위에서 자신을 향한 멸시를 감내한 유골의 주인공이다. 그의 죄는 신하된 자가 감히 국왕의 목을 베었다는 것. 그 이유로 그는 죽은 왕의 아들이자 잉글랜드의 왕으로 돌아온 찰스 2세의 검은 노트에 첫 번째로 이름을 올렸다. 정적이나 반대파들로서 견제해야 하거나 죽여야 할 인물들의 이름을 기록해놓은 명부, 블랙리스트는 그렇게 탄생했다.

올리버 크롬웰(1599~1658)

물론 숙적이나 보복을 해야 하는 자의 이름을 기록해놓은 일명 살생부殺生簿 같은 것은 그 이전에도 존재했다. 고대그리스 살라미스 해협에서 페르시아 대군을 상대로 승리를 거두면서 아테네 수호에 결정적 역할을 하고 아테네를 해양강국으로 끌어올렸던 테미스토클레스가 아테네 최고행정관 아르콘 자리에서 쫓겨난 것도 정적들의 살생부에 이름이 오른 탓이었으니까. 고대로마의 카이사르가 20대 청년 시절을 소아시아에서 숨어 지낸 이유도 술라가 반대파를 처형하면서 작성한 살생부에 이름이 올라 있었기 때문이었고, 조선시대 단종이 쫓겨나는 과정에서 정치적으로든 생물학적으로든 숙청된 이들 역시 수양대군의 책사 한명회가 만든 살생부에 이름이 올랐던 이들이었다.

그럼에도 크롬웰의 이름이 올라 있던 찰스 2세의 명부를 콕 찍어 블랙리스트라고 하는 데는 이유가 있다. 표면적인 이유는 그 명부의 표지가 검정색이었기 때문이다. 그러나 보다 근본적인 이유는 그에 대한 단죄가 법이라는 허울을 뒤집어쓰고 초법적으로 신속하게 이루어졌기 때문이다. 단순히 정적의 이름을 적어놓은 것에 그치지 않고 제도 안에서 합법이라는 이름 아래 정적의 제거가 이루어졌다는 의미다.

복수를 위한 기록

크롬웰을 블랙리스트에 올린 사람은 잉글랜드의 국왕 찰스 2세, 청교도혁명[1642~1651]의 과정에서 처형[1649]된 찰스 1세의 아들이다. 당연히 자신의 것이 되리라 여겼던 왕좌를 빼앗긴 채 스코틀랜드로 도망쳐야 했던 그는 그곳에서 스코틀랜드의 왕으로 추대되었고, 이전의 영광을 되찾기 위해 크롬웰의 공화정에 군사적으로 대항했다. 하지만 시민들과 의회를 기반으로 하는 의회파를 이길 수 없었다. 결국 던바[1650]와 우스터[1651]에서 대패했고, 쫓기듯 프랑스로 망명해야

〈던바전투를 이끈 크롬웰〉(1886), 앤드류 캐릭 가우

했다. 그런데 크롬웰이 죽자 분위기가 바뀌었다. 잉글랜드에 왕정 복고의 바람이 분 것이다. 뭐, 크롬웰 후계자들 사이의 분열 때문이기는 했지만, 어쨌든 그는 그 바람을 타고 1660년 5월 정식으로 왕으로 선포되었다. 그리고 5월 29일 자신의 서른 번째 생일날 런던으로 입성했다. 군주제의 부활이었다.

찰스 2세(잉글랜드 재위 1660~1685)

애초에 청교도혁명은 왕권을 제한하는 권리청원Petition of Rights, 1628을 승인했음에도 의회를 소집하지 않고 전횡을 일삼던 찰스 1세에 반발하며 일어난 내전이었다. 7년여의 대결 끝에 승자는 의회파였고, 그렇게 공화정이 도입되었다. 의회는 곧바로 특별법을 만들고 대법원을 설치했다. 모든 것은 의회와 공화정을 반대했던 찰스 1세를 단죄하기 위해서였고, 권력을 남용한 절대왕정 때와 달리 법절차를 준수한다는 명분을 마련하기 위해서였다. 법의 제정만큼이나 재판도 속전속결이었다. 재판 시작 1주일 만에 대법원은 찰스 1세에게 사형을 선고했고, 찰스 1세는 고작 사흘 후 단두대에서 참수되었다. 그런데 11년 후 아버지 찰스 1세의 처형과 함께 왕성에서 쫓겨나 힘없는 망명군주로 타국을 전전하던 열아홉의 어린 왕자가 서른의 왕으로 돌아왔다. 청교도혁명과 찰스 1세의 처형을 주도한 의회파를 향한 복수심과 그들의 이름을 적어놓은 검은 표지의 살생부, 블랙리스트와 함께였다.

찰스 2세의 블랙리스트를 채운 이름의 주인들은 한꺼번에 소환되었다. 청교도혁명을 주도했던 핵심인사들, 그리고 찰스 1세에게 사형을 선고한 판사들이었다. 찰스 2세는 비록 의회에 상당의 권력을 빼앗긴 반쪽짜리였을망정 어쨌거나 왕이었다. 그리하여 블랙리스트에 이름을 올렸던 59명 중 30명이 반역의 죄로 1661년 1월 30일에 참수되었다. 크롬웰도 무덤에서 끌려나와 목이 잘렸다. 12년 전 찰스 1세가 죽은 바로 그날이었다.

내 편이 아니면 짓밟아버려라

1950년대 매카시즘의 광풍 속에서 공산주의자로 몰렸던 이들은 미국정부 블랙리스트에 이름을 올린 이들이었다. 우리나라 1970~80년대 노동자·민주인사 블랙리스트, 이명박정부 방송계·문화예술계·경찰관·4대강 관련 블랙리스트, 박근혜정부 사법부·MBC·세월호 관련 블랙리스트들 역시 내 편과 네 편을 가르고 네 편을 핍박하고 불이익을 주는 용도로 알차게 사용되었다. 2021년 2월에는 이명박정부와 국가정보원이 18대 국회의원들과 2만 명이 넘는 민간인들을 불법적으로 사찰하고 블랙리스트를 만들어 관리했다는 것도 드러났다. 블랙리스트는 탄생이 그러했듯 정의가 아닌 불의에 봉사하며 시대와 지역을 막론하고 이름값을 해온 것이다.

매카시즘(McCarthyism)

금품수수, 경력위조 등으로 위기였던 조지프 매카시 상원의원이 1950년 2월 9일 '미국정부에 공산주의자들이 침투해 있다'라고 주장하면서 시작된 소위 극단적 반공주의. 소련의 원자폭탄 개발 성공으로 인해 고조된 위기감과 맞물리면서 공산주의자를 대상으로 하는 현대판 마녀사냥으로 전개되었다. 과학자 로젠버그 부부가 사형당하고 찰리 채플린이 쫓겨났으며 아인슈타인과 디즈니, 트루먼과 아이젠하워 대통령까지 의심받았다. '근거 없이 반대편을 매도·억압하는 행위'를 이르는 보통명사로 사용되고 있다.

사실 내 편 아닌 사람들을 조심하자는 차원에서 내 수첩에 적어놓는 것만이라면 무엇이 문제일까 싶기도 하다. 하지만 블랙리스트는 크든 작든 복수 및 단죄로 이어졌다. 이 이유는 단 하나, 내 편이 아니라는 것. 더 나아가 내 복수에 정당성을 부여하기 위해 해당 인물들에 대한 근거 없는, 날조된 폄훼를 가했다. 몰래, 은밀하게, 그리고 악의적으로…. 특히 도덕성에 타격을 주는 것으로 진행되었다.

　아테네와 그리스의 영웅이었음에도 결국 쫓겨난 테미스토클레스는 '제 배만 채우는 데 열심이었던 교활한 정치가'로 역사에 기록되었다. 물론 근거는 없다. 그냥 '그랬더란다'일 뿐이다. 국민의 대표자에 의한 정치와 도덕적 생활을 근간으로 하는 국가를 꿈꾸고, 그래서 권력을 시민에게 돌려주고자 했다가 1호 블랙리스트가 된 크롬웰도 '극단적이며, 천성이 잔인하고 무자비한 독재자'였다고 비난받았다. 그러나 이 역시 음악을 즐기고 관대하며 오히려 과감하지 못했던 진짜 모습과는 달랐다. 블랙리스트가 세상에 드러났을 때 명단에 누가 있는지보다 그들에게 어떤 위해가 가해졌는지에 관심을 가져야 하는 이유가 여기에 있다.

고문기구의 재탄생

1888년 가을 영국 런던은 여성들에게 공포의 도시였다. 이스트엔드 지역 윤락가에서 짧은 기간 내에 일곱 명이나 되는 여성들이 연쇄적으로 살해되었기 때문이다. 일명 '잭 더 리퍼' 연쇄살인사건이다. 리퍼Ripper는 면도칼 등 날카로운 날붙이에 의한 살해라는 의미고, 잭Jack은 우리말의 '아무개'를 뜻한다. 의역하면 '살인자 모某씨' 정도일 거다. 이런 별명이 붙은 이유는 시신의 상태, 사건 발생시간, 피해자들의 신분 등을

'잭 더 리퍼'를 풍자한 당시 삽화

종합해 범인을 한 명으로 추정했음에도 끝내 누구인지 밝혀내지 못했기 때문이다. 과학수사나 프로파일링이 없었기도 했지만, 기본적으로는 수사관들의 무능과 부패가 문제였다. 치안은 철저하게 돈 많은 사람들을 위한 것이었다. 대외전쟁과 식민건설에 집중해서 대외적으로는 해가 지지 않는 나라라는 위대한 위상을 얻었지만, 내부적으로는 산업혁명과 자유시장경제로 인해 빈부격차가 극단적으로 커지면서 런던 밑바닥은 생존마저 버거운 악다구니의 장으로 전락하고 말았다. 산업혁명 이후 1800년대 런던은 찰스 디킨스가 《올리버 트위스트》에서 전하는 런던처럼 소매치기와 사기꾼, 살인자와 창녀들이 이상하지 않는 그런 곳이었고, 그런 분위기 속에서 잭 더 리퍼 사건도 일어난 것이었다.

통제를 위한 기구

도시가 이 지경이다 보니 감옥은 오랫동안 만원상태였다. 공간에 비해 수용인원이 많았고, 그로 인한 수용자들의 스트레스는 연일 사건사고를 야기했다. 특히 영국 내에서 수감생활을 하는 중범죄자들은 교정당국에게 큰 골칫거리였다. 난폭해서 통제가 어려웠던 것이다.

물론 통제가 완전히 불가능했던 것은 아니다. 교도관들의 시름을 덜어준 통제불능 수형자 맞춤형 기구가 있었기 때문이다. 1818년 윌리엄 큐빗이라는 기술자가 고안해낸 '트레드밀Treadmill'이다. 사람들이 걸음으로써 돌아가는 분쇄기라는 의미처럼 일단 기본구조는 논에 물을 대거나 염전으로 바닷물을 퍼 올리는 데 사용하는 수차를 닮았다. 사람들이 나란히 서서 마치 계단을 오르듯 24개의 바퀴살을 하나씩 갈아타면 하나의 커다란 수레바퀴가 돌아간다. 그야말로 무동력이었다.

처음 이 기구가 간옥에 등장했을 때 수감자들은 별거 아니라며 비웃었다. 그래봤자 걷기운동 아니냐는 식이었다. 그러나 막상 바퀴살에 몸을 싣자 제 생각이 틀렸다는 걸 실감할 수밖에 없었다. 일단 하루 여섯 시간씩 바퀴를 돌리는 것은 경사진 산을 최소 4,267미터를 오르는 정도의 육체적 고통을 수반했다. 식사나 환경이 열악했던 당시 감옥의 상황을 생각하면 중노동에 가까웠다. 그러나 수감자들이 더 고통스러워했던 것은 완전하게 분리된 혼자만의 공간에서 말도 금지된 채 단순한 동작을 반복하는 데서 오는 정신적 스트레스였다.

난폭하기로 악명을 떨치던 수감자들도 트레드밀에 올라가면 적어도 매주 5일씩 여섯 시간 동안은 아무것도 할 수 없었다. 교도관들에게는 최고의 통제기구였던 셈이다. 때문에 트레드밀은 영국 전역의 감옥으로 퍼져나갔다. 보급 10년 만에 50여 곳의 감옥에 설치되었고, 급기야 미국에 수출까지 되었다. 그러나 아무리 효과적이라고 해도 수감자들에게는 육체적으로나 정신적으로나 가혹한 고문기구일 뿐이었다. 결국 수감자의 인권을 침해한다는 여론이 조성되었고, 마침내 1898년 영국법원의 결정에 따라 교도소에서 사라졌다.

새로운 해석, 새로운 탄생

그렇게 역사 속으로 사라질 줄 알았다. 그런데 이게 웬걸? 독일에서 뜻밖의 용도로 다시 등장했다. 하체근력을 키우려던 독일의 쇼 진행자가 당시 사라졌던 트레드밀을 개인운동을 위한 기구로 재탄생시킨 것이다. 우리식의 '러닝머신'이 탄생한 순간이었다. 또 1952년에는 미국 워싱턴 의과대학의 로버트 브루스 박사와 웨인 퀸튼 박사에 의해 의료기구로도 사용되었다. 환자가 이 기구를 이용할 때 보이는 심박과 호흡의 변화를 통해 심장과 폐의 질환 여부를 판단한 것이다. 널리 사용되면 발진하게 되듯 이 기구는 점점 1인용으로 간소화되었고, 여기에 1970년대 세계적으로 몰아친 조깅열풍이 더해지면서 대중적인 운동기구로 널리 보급되기에 이르렀다.

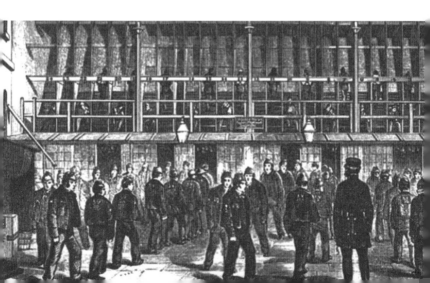

오늘날 트레드밀을 보면 과거 가혹한 고문기구였다는 것이 무색하다. 헬스장은 물론이고 운동 좀 한다 하는 사람들 집에서 흔히 볼 수 있을 정도로 친근한 때문이다. 아마도 트레드밀을 고문기구로 여기는 이는 없을 테다. 그런데 왜인지 트레드밀이 여전히 고문기구 같다는 생각이 든다. 트레드밀에 오른 이유나 목적과 상관없이 그 위에서 죽을 것 같은 고통을 견디고 있는 건 예나 지금이나 다르지 않으니 말이다.

배신은 일상,
실력은 삼류

2021년 2월 미국 하버드대 미쓰비시 법학교수의 논문이 세계적으로 공분을 샀다. 해당 논문은 2020년에 발표된 것으로 '위안부는 자발적 매춘부였다'는 게 골자다. 논문이 언론을 통해 알려지자 하버드 학생들도 반박에 나섰고, 미국 내 학자들도 들고일어났다. 일본 내 양심적인 학자들까지 해당 논문과 함께 그 논문에 대한 일본의 태도를 비판했다. 물론 일본언론은 해당 논문을 내세워 우리 법원이 판결한 전범기업 자산매각이 부당하다고 핏대를 올렸다. 하지만 일본정부는 지금껏 그래왔던 것처럼 '나 몰라라' 입을 꾹 다물었다. 그런데 학계문제에 국한되었던 이 논란이 외교문제로 확대되는 일이 일어났다. 역사왜곡을 일삼는 학자들 뒤에 일본정부가 있다는 정황이 드러난 것이다. 앞으로는 '나 몰라'나 '배 째라'를 시전했지만, 뒤로는 로비로 정계와 학계를 장악하고 일본의 입장을 대변하도록 조정하고 있었다는 것이다. 일본은 정부 차원에서 역사왜곡을 적극적으로 주도하고 있었던 것이다.

그동안 일본은 위안부 진상규명과 손해배상에 무성의한 태도로 일관했다. 아베 전 총리가 2015년 발표한 전후 70년 담화도 진심 어린 사과는

미국 국방장관에게 인사하는 일본 총리(2021.3.17)

아니었다. 박근혜정부가 졸속으로 합의했던 한일위안부합의를 이행하지 않으면 평창 동계올림픽에 불참하겠다고 으름장을 놓기도 했다. 국제 공식석상에서도 위안부 문제를 "말도 안 되는 중상모략"이라고 발뺌하고 있다. 그런데 묘하다. 트럼프 전 미국 대통령 방문 때 아베 전 총리와 그의 내각이 보인 저자세외교는 자국민에게도 "굴욕"이라고 조롱받을 정도였다. 최근 일본정부의 수장인 스가 총리가 바이든정부의 공무원인 국무장관과 국방장군에게 군신의 예를 갖추듯 저 혼자 허리를 굽혀 인사하는 것만 봐도 미국에 대

한 일본의 태도는 크게 달라지지 않는 모양새다. '약한 자에게는 한없이 잔인하게, 강한 자에게는 한없이 비굴하게'라는 말이 절로 떠오른다.

강함 앞에 한없이 비굴하게

1891년 5월 러시아함대가 고베항에 입항했다. 앞서 나가사키항과 가고시마항을 거친 참이었다. 개항한 지 얼마 안 된 섬나라 사람들에게는 이전에 보지 못했던 위용이었다. 그러나 보다 이목을 끈 건 그 함대를 대제국 러시아의 황태자가 끌고 왔다는 것이었다.

일본을 방문한 니콜라이 러시아 황태자

훗날 니콜라이 2세가 되는 당시 러시아 황태자 니콜라이는 시베리아철도 기공식에 참가하기 위해 블라디보스토크로 가던 중에 일본에 잠시 들른 참이었다. 니콜라이 일행은 육로를 통해 교토와 요코하마, 도쿄를 목적으로 움직였다. 목적은 팔자 좋게도 관광이었다. 이에 일본은 황족인 다케히토 친왕을 내세워 니콜라이를 극진히 환대했고, 환영행사도 주최했다.

5월 11일도 그랬다. 니콜라이 황태자는 이미 일본에 와 있던 요르요스 그리스 왕자와 함께 다케히토 친왕의 안내를 받으며 당일 일정으로 교토성 근처에 있는 비와호수를 구경했다. 그리고 숙소로 돌아가기 위해 인력거를 탔다. 일본정부가 호위를 명목으로 붙여준 경찰관들을 겹겹이 거느린 채였다. 그런데 그들의 인력거가 오쓰 마을을 지날 때였다. 갑자기 행렬에서 누군가가 튀어나와 니콜라이 황태자를 향해 달려들었다. 그리고 다짜고짜 칼을 휘둘렀다. 일격을 당한 니콜라이는 인력거에서 뛰어내려 간신히 골목으로 숨었고, 인력거꾼은 니콜라이를 쫓으려는 괴한의 다리 걸어 넘어뜨렸으며, 호위 중이던 경찰들은 쓰러진 괴한을 붙잡았다. 모든 것이 순식간이었다.

현장에 있던 다케히토 친왕은 기함했다. 철통같다고 자랑한 호위를 뚫은 괴한이 바로 호위를 하고 있던 경찰관이었기 때문이다. '쓰다'라는 이름의 범인은 니콜라이가 천황을 알현하지 않은 채 유람하는 것에 화가 나 혼내려 했을 뿐 살해의도는 없었다고 했다. 하지만 문제는 죽지는 않았다고 해도 오른쪽 머리에 9센티미터 상처를 입은 사람이 대제국의 황태자라는 것이었다.

죽음으로 사죄하라

일본왕실과 정부는 발칵 뒤집혔다. 강대국 러시아가 무력으로 응징할 것이라는 염려 때문이었다. 전쟁이 일어날 수도 있는 상황이었다. 하지만 당시 일본은 근대화 초기단계여서 러시아와 전쟁할 힘이 없었다. 또한 거액의 배상금이나 영토할양을 요구할 가능성도 배제할 수 없었다. 일본은 신속하고 전방위적인 대응에 들어갔다. 먼저 천황이 직접 세 명의 아들들과 함께 니콜라이가 묵고 있던 호텔로 찾아가 머리를 조아렸다. 또 이번 사건을 애도하는 차원에서 전국 학교는 일제히 휴교에 들어갔으며, 신사·사원·교회는 니콜라이의 쾌유를 비는 기도회를 연일 열었다.

오쓰사건을 보도한 당시 러시아신문 삽화

민간에서의 대응도 이어졌다. 니콜라이 앞으로 전달된 문안전보만 1만 통이 넘었다. 게이오대학 학생들도 프랑스어로 사과편지를 써서 전달했으며, 일부 지역에서는 아이의 이름에 범인의 이름인 '쓰다 산조'를 사용하지 못하도록 규정했다. "죽음으로 사죄한다"는 유언을 남기고 자살한 여성도 있었다. 또한 일본 천황이나 황족에게 위해를 가한 범죄에만 사형이 가능했던 법을 무시하고 범인 쓰다를 처형하려고 안간힘을 썼다. 이를 위해 한반도 침략원흉인 이토 히로부미는 계엄령을 선포해 재판권을 회수하겠다며 대법원을 위협했다. 결국 사건 발생 16일 후 범인 쓰다에게는 무기징역이라는 판결이 내려졌다. 한 사람에 의한 우발적 사건에 온 나라가 호들갑을 떨며 치욕을 자처한 느낌이다.

그로부터 13년 후 일본은 러시아 극동함대를 기습공격했다. 러일전쟁의 시작이었다. 선전포고도 없었다. 1904년 이때의 러시아제국은 진위와 상관없이 일본에게 청나라와 다를 바 없는 종이호랑이였다. 전쟁이 시작되자 국내 여론도 바뀌었다. 13년 전 쓰다를 검거하는 데 활약을 했다면서 국민영웅으로 칭송받았던 인력거꾼은 하루아침에 매국노로 전락했고, 국민역적이었던 쓰다는 오히려 영웅으로 승격했다.

러일전쟁은 영국, 미국의 충동질에 일본이 전면에 나서면서 발발했다.

이후 열도에 핵폭탄이 떨어지기 전까지 일본은 한반도와 중국, 동남아시아에서 1등 국민, 아시아의 유럽인을 자처하며 한 점의 자비도 없이 유례없는 수탈과 만행을 저질렀다. 강한 것을 두려워하고 약한 것을 업신여긴다는 토강여유吐剛茹柔의 전형이다. 학습되어 체득한 것은 쉽게 사라지지 않는다고 한다. 오늘날 식민의 아픔을 딛고 정상관계로 재정립하려는 우리의 노력이 일본의 의해 번번이 무산되는 것을 보고 있자면 이 말 또한 틀리지 않다는 것을 확인하게 된다.

인류 최고의 천재,
주식으로 쪽박

작은 슈퍼마켓도 그날그날의 영업내용을 기록한다. 그리고 얼마나 수익을 올렸는지 확인한다. 주식회사는 말할 것도 없다. 다른 것이 있다면 1년의 수익을 재무제표로 정리하고 자사의 가치가 어느 정도인지를 의무적으로 공시해야 한다는 것 정도다. 만약 이때 수치로 표현된 회사의 가치가 시장에서 인정할 만한 것이 되면 상장이라는 날개를 달고 주식시장에 들어서게 된다. 즉, 회사의 가치가 상장 여부를 결정하는 결정적 요인이라는 말이다.

그런데 우리나라 시가총액 1위의 삼성전자가 분식회계로 재판을 받고 있다. 삼성물산-제일모직 합병 시 제일모직의 지분가치를 높이기 위해 제일모직의 손자회사 바이오에픽스의 회계를 조작해 가치를 부풀리고, 이를 통해 자회사 바이오로직스를 상장시켰다는 것이다. 상장이 된다는 것은 투자자들의 선택을 받을 기회가 열린다는 의미다. 투자금을 모을 수 있다는 말이다. 그런데 우리는 거짓정보로 남의 돈을 갈취하는 것을 사기라고 한다. 거짓정보로 회사 가치를 부풀려 투자금을 모으는 것 역시 사기다. 이런 이유로 법은 상장을 위해 회사의 가치를 부풀리는 분식회계를 주식시장 교란행위로 보고 자본시장법으로 강력하게 처벌하고 있다. 커다란 기업의 내부사정이야 내 알 바 아니라 하더라도 바이오로직스 주식을 산 투자자라면 허탈을 넘어서 크게 화가 날 법하다. 그야말로 깡통주식을 산 셈이니 말이다. 재판결과 끝내 바이오로직스의 상장이 폐지되면 투자금을 모두 날리게 될 판이니 왜 안 그럴까.

USD/KRW
,125.60
Hana Bank
▲ 0.70

KOSDAQ
1,002.16
Hana Bank
▲ 1.51 (0.15%)

천재도 실패한 주식투자

주식의 기원을 찾아가다 보면 놀랍게도 기원전 2세기경 고대로 마까지 올라간다. 로마의회에서 조세징수권을 입찰받은 '퍼블리카나'라는 조직이 세금의 규모를 파악하기 위해 업체로부터 회계장부를 받았는데, 이를 바탕으로 '파르테스'라는 증서를 발행해 투자자들에게 팔았다는 것이다. 물론 현대적 의미의 주식을 대중화시킨 건 17세기 네덜란드의 동인도회사였다. 인도항로의 개척과 아메리카대륙의 발견과 함께 대항해시대가 열리면서 무역이 엄청난 수익을 창출하자 투자자가 몰렸는데, 이때 동인도회사는 투자받은 돈을 한곳에 모아놓고 그 자금에 대한 소유권을 나타내는 종이증서를 만들었다. 때문에 증권거래소나 주식회사라는 개념도 이때 생겼다. 확실히 동인도회사는 많은 투자자들의 배를 불려주었다. 그러나 매번 투자가 성공했던 것은 아니다. 당시 무역이란 바다와 맞서는 일이었기 때문이다. 폭풍이나 갑작스런 파도, 심지어 해적 때문에 배가 침몰하기라도 라면 배당금은 고사하고 원금조차 건지지 못하는 경우도 허다했다. 오로지 확률게임인 도박에는 미치지 못하겠지만 당시 투자는 성공 여부가 도박과 마찬가지였던 셈이다. '모 아니면 도'랄까?

그런데 묘하게도 투자를 잘못해서 주식시장에서 소위 쪽박을 찼다는 투자회사는 본 적이 없다. 예나 지금이나 피눈물을 흘리는 쪽은 대체로 다수의 개인 투자자들이다. 정보력이나 자금력만 봐도 개인이 투자대결에서 이긴다는 건 거의 불가능하다. 머리가 좋고 나쁨의 문제가 아니다. 그러니 머리가 나빴다며 자책할 필요는 없다. 인류 최고 천재도 주식시장에서 참패했으니 말이다.

영국 파운드화의 모델인 아이작 뉴턴

뉴턴은 '만유인력의 법칙'을 발견한 물리학자이자 지구가 태양 둘레를 원 모양으로 돈다는 것을 계산해낸 천문학자였고, 미분법을 놓고 라이프니츠와 논쟁을 한 수학자이자 고전·중세신학의 연구 성과를 발전적으로 계승한 신학자였다. 또 의회 동의 없는 법률 및 과세, 군대징집 등을 금지한 권리장전을 마련하는 데 일조한 국회의원이기도 했고, 금화 테두리를 빗살처럼 깎아 위조를 막는 데 앞장선 창의적인 공무원이기도 했다. 근육 사이를 탐험한답시고 바늘로 눈구멍과 눈알 사이를 깊숙이 찌르는 기행을 저지르는 최후의 연금술사이기도 했다. 그야말로 장르를 가리지 않고 기념비적인 업적을 남긴 천재였다.

그런 뉴턴이 조폐국장으로 일할 때였다. 1720년 당시 영국에는 서인도제도와 남미에 대한 무역독점권을 확보한 남해회사가 주식시장을 달구고 있었다. 남해회사South Sea는 1711년 재정위기를 벗어나기 위해 영국정부가 각종 특혜를 줘가면서 설립한 무역회사로 아프리카 노예를 에스파냐령인 서인도제도로 수송하는 것을 주 수입원으로 했다. 그런데 1720년 신대륙에서 금은보화를 찾으면 큰돈을 벌 수 있다는 기대가 커졌다. 그러자 신대륙을 오가던 남해회사의 주식이 연초 128파운드에서 2월 175파운드, 3월 330파운드로 가파르게 상승했다.

뉴턴 역시 한창 주가가 올라가던 4월에 소액을 투자해 적지 않은 매매차익을 얻었다. 그런데 그게 문제였다. 주식 처분 이후에도 주가가 계속 오르자 전 재산은 물론이고 주변에서 큰돈까지 빌려서는 7월에 다시 뛰어든 것이다. 그때 주가는 1,000파운드까지 치솟은 상태였다. 하지만 뉴턴의 매수가 있은 지 2달 만에 주가는 주저앉기 시작했고, 12월에 이르러는 거의 휴지조각이 되었다. 뉴턴이 매수했던 그때가 정점이었던 것이다. 결과적으로 뉴턴은 가장 비싸게 사서 가장 싸게 팔고 말았다. 손실율은 90%에 이르고, 손실액은 현재가치로 환산했을 때 최소 20억 원이 넘을 것으로 추정된다.

〈남해거품사건 풍자삽화〉, 에드워드 매튜 워드

계산할 수 없는 인간의 광기

주식투자 앞에서 무릎을 꿇은 건 정치 천재도 마찬가지였다. 제2차 세계대전의 영웅 윈스턴 처칠이 바로 그랬다. 1929년 대공황 직전, 재무장관 임기를 마치고 미국 월가를 방문했던 그는 당시 긴박한 시장에 흥미를 느끼고는 투자에 합류했다. 그러나 결과는 참패였다. 강연료로 받은 2만 달러를 몽땅 날린 것이다.

1929년 월가를 방문한 처칠 일행

물론 주식으로 백만장자가 된 영국 경제학자 케인스 같은 사람도 있기는 하다. 하지만 일반 투자자들은 대부분 군중심리에 휘말려 투자하고, 털고 나올 타이밍마저 놓친 탓에 실패하곤 한다.

뉴턴은 주식투자로 빈털터리가 된 후 이렇게 말했다.

"천체 움직임은 계산했지만,
인간 광기는 계산하지 못했다."

주식은 자본주의의 핵심이다. 그러나 일반을 위한 것인지 의문이 든다. 개미들이 공매도에 반발하고 싸우는 것도 이해가 되는 대목이다. 하물며 주식시장을 교란하는 자들이 활약하는 시장이라니 말해 무엇할까? 대중의 광기와 교란세력의 장난질을 구분해내는 눈과 머리와 가슴이 필요한데, 그게 참 말처럼 쉽지 않다.

노비라도 80이 넘으면
깍듯하게

몇 년 전 '조선일보' 사주 손녀가 운전기사에게 한 폭언 녹취록이 세상에 공개되었다. 그러나 사람들을 놀라게 한 건 내용보다 손녀가 이제 겨우 열 살이라는 점이었다. 그런데 최근에 아버지뻘 되는 대리기사에게 만취한 20대가 폭행을 가했다느니 폐지를 줍는 노인을 무차별 폭행해 사망에 이르게 했다는 소식들이 하루가 멀다 하고 전해지고 있다. 영수증에 '말귀못알아×먹는할배-진상'이라고 적시되기도 하고, 틀니를 딱딱거린다고 해서 '틀딱', 시끄럽게 떠든다고 '할매미', 노령연금을 받는다고 '연금충'과 같은 노인을 폄하하는 표현은 이제 낯설지도 않다.

물론 비하가 아깝지 않은, 타인에 대한 배려 없이 마구잡이로 행동하는 노인들이 없는 건 아니다. 지하철 노약자석에 앉았다는 이유로 "진짜 임산부가 맞느냐?"며 임산부를 추행·폭행한 노인도 있고, 어린 사람이 자리에 앉아 있다고 다짜고짜 주먹을 휘두른 노인도 있다. 코로나시대에는 마스크를 않는 등 방역을 방해하면서도 오히려 큰소리치는 노인들도 있었다. 그래서인지 국가인권위원회의 설문조사를 보면 19세에서 39세 청년층의 80%, 청소년층의 66%가 노인에 대해 부정적 편견을 가지고 있는 것으로 나타났다. 2017년 신분당선이 노인의 무임승차를 없애겠다고 발표했을 때에도 내용을 비판하기보다 "왜 젊은 사람들 출근하는 시간에 노인네들이 지하철을 타느냐"는 볼멘소리가 더 컸다.

집안 어른의 팔순잔치를 그린 조선시대 풍속화

동방예의지국의 노인잔치

　조선 태조 이성계는 1394년 70세를 의미하는 기(耆)자를 써서 국립 경로당 격인 '기사(耆社)'를 만들었다. 그리고 문신과 무신을 가리지 않고 70세 내외 정2품 이상 관료 출신들을 예우했다. 또한 해당자들에게 논밭과 노비, 고기를 잡을 때 사용하는 어구 등을 하사했으며 매년 봄과 가을에 왕이 주관하는 잔치에 초대했다.

　노인을 대상으로 정부가 직접 잔치를 여는 양로연 제도도 있었다. 양로연(養老宴)은 노인을 우대하여 베푸는 잔치였다. 특징은 초대

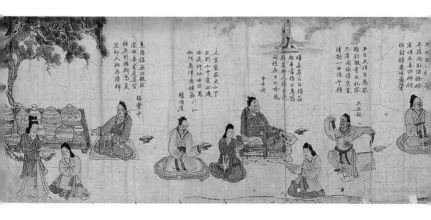

되는 대상의 귀천을 따지지 않는다는 것이었다. 평민은 물론, 노비라도 80세가 넘으면 마땅히 초대되었다. 하지만 부패범죄자는 제외했다. 일례로 뇌물로 형을 받았다면 그 노인은 초청대상에서 빠졌다. 양로연 혜택도 연령별로 달랐다. 100세 이상이면 1년 치 쌀과 함께 매달 술과 고기를 받았고, 90세 이상은 매년 술과 고기, 술잔을 받았다. 양로연은 세종대왕 이후에는 국상이나 흉년을 제외하고는 웬만해서 중단하지 않았다. 그만큼 정부가 신경 쓴 국가 중대사였다. 양로연을 열지 못하게 되면 음식이나 의자를 선물했을 정도였다.

노인들의 웃고 즐기는 모습을 묘사한 〈십로도상계축(十老圖像契軸)〉, 작자미상

노비도 왕도 한자리에

양로연은 중앙정부에서도 주관했지만, 지방관청에서 주관하기도 했다. 한양까지 갈 수 없는 연로한 노인들을 위한 배려였다. 그런데 가장 특별한 양로연은 뭐니 뭐니 해도 왕과 왕비가 주관하는 것이었다. 신분의 높고 낮음을 문제 삼지 않았다는 것은 동일했지만, 무엇보다 왕과 왕비를 코앞에서 본다는 특전이 있었던 것이다. 노비들도 양로연에 초대된 것을 생각하면 신분의 상하구분이 엄격했던 조선에서 파격이 아닐 수 없다.

양로연이 노인들을 위한 행사였다는 것은 의전절차만 봐도 충분히 짐작할 수 있다. 일단 왕과 왕비에게 하는 인사다. 보통의 행사에서는 네 번을 해야 했으나, 양로연에서는 두 번으로 축소되었다. 또한 일어서지 않고 앉은 자세로 머리만 두 번 땅에 닿기만 하면 그만이었고, 절은 아예 하지 못하도록 했다. 이는 모두 고령으로 인해 절하기 힘든 점을 고려한 예법이었다. 더 놀라운 것은 궁궐에 모인 모든 노인이 자리 잡을 때까지 왕과 왕비가 용상에 앉지 않고 서서 기다린 것이었다. 왕이라 해도 그날만큼은 노인들을 깍듯이 모신 것이다.

그래서였을까? 우리나라는 1982년 세계 최초로 '노인은 의식주 걱정 없이 건강한 사회활동과 문화생활을 누릴 수 있도록 가정과 사회, 정부가 제 역할을 해야 한다'는 내용을 담은 노인헌장을 선포했다. 이보다 앞선 1981년에는 노인복지법을 제정해 65세 이상이면 정부 운송시설이나 공공시설을 무료 또는 할인요금으로 이용할 수 있도록 했다. 현재 지하철 무료탑승, KTX 등 요금 할인, 국·공립 박물관 등의 무료입장 등 혜택도 이 법이 근거다. 그런데 유엔이 2015년 발표한 세계노인복지지표를 보면 우리의 상대적 복지수준과 소득안정성은 각각 93위와 83위로 꼴찌 수준이었다. 반면 노인빈곤율과 노인자살률은 모두 1위였다. 법은 있으나 실제로는 우리 사회가 이미 노인을 공경하지 않고 있다는 의미로 읽힌다. 젊은 이들의 노인혐오가 먼저인지 노인들의 안하무인이 먼저인지는 모르겠다. 하지만 불현듯 할머니 말씀이 생각난다. "너도 늙어봐라."

무엇이 먼저인지보다 중요한 건 나는 존경할 만한 어른들과 살고 싶다는 것이고, 그분들도 자신들을 공경해주는 젊은이들과 살고 싶어 한다는 것이다. '나도 언젠가 늙는데…', '나도 저런 때가 있었는데…' 하는 마음이라면 가능하지 않을까 싶기도 하고….

애국으로 포장한 해적질

2021년 1월 1일 오진 8시 영국이 유럽연합^{EU}에서 완전히 탈퇴했
나. 1973년 EU의 전신인 유럽경제공동체^{EEC}에 가입한 지 47년,
2016년 6월 브렉시트를 결정한 국민투표 가결 이후 4년 반 만에
이룬 완전한 결별이다. 이로써 영국은 독자적인 무역국으
로서의 지위를 갖게 되었다. 사람으로 치자면
합의이혼쯤 되겠다. 브렉시트^{Brexit}는 영
국을 뜻하는 'Britain'의 'Br'과 탈
퇴를 뜻하는 'exit'가 합쳐져서 만
들어진 신조어로 의미 그대로 '영국
의 EU 탈퇴'를 이르는 용어다. 2008년

글로벌 금융위기 이후 영국의 EU 재정분담금이 늘어나고 EU의 과도한 규제로 영국의 경제성장이 더디다는 불만이 커지면서 영국 내에서 EU에 대한 회의론이 확산되었다. 여기에 난민수용으로 사회적 비용이 증가하고 난민에게 저소득 일자리가 몰리면서 영국민들의 실업률이 증가한 것도 불만을 키웠다. 그러자 총선을 앞두고 노동당에 지지율이 뒤처져 있던 집권당인 보수당이 국민정서를 자극하고 EU 회의론자를 끌어들이기 위해 브렉시트를 선거전략으로 내세웠다. 그 결과 단독 과반수를 획득하는 데 성공했고, 선거공약이기도 했던 국민투표를 실시했다. 물론 가결까지 바란 것은 아니었다. 그저 공약이행 정도였다. 그러나 유권자 72.2% 중 51.9%가 찬성표를 던지면서 126만여 표차로 탈퇴가 가결되었다. 국제사회에서 영국이 갖는 위상에 비해 EU에서의 위상이 상대적으로 낮다는 데에서 오는 불만도 컸지만, 무엇보다 '영국은 유럽 대륙과 다르다'는 우월의식과 '협력보다는 대립'으로 점철된 과거 역사가 크게 작용했다. 오죽하면 EU 탈퇴를 주장하며 내건 슬로건이 '해가 지지 않는 나라의 영광을 되찾자'였을까?

노략질로 채운 왕실의 곳간

'해가 지지 않는 나라'란 18세기 후반부터 19세기 제국주의시대의 영국을 대표하는 수식어였다. 당시 영국은 남극을 제외한 모든 대륙에 식민지를 가지고 있었던 그야말로 패권국이었다. 하지만 무력을 앞세워 다른 나라와 다른 민족의 자유와 생명을 빼앗고 자원과 자연을 수탈해 얻은 자기들만의 영광이었다는 것을 차치하고라도 그것이 말 그대로 자랑스러운 것이었다고 할 수 있을지는 모르겠다. 당시 세계 최강의 에스파냐 무적함대 아르마다에게 패배를 안기고 세계의 바다를 손아귀에 넣을 수 있던 힘의 원천이 바로 해적이었기 때문이다.

영국이 시대에 뒤처진 유럽의 변방국에서 해양강국으로 급부상한 그 출발점에는 엘리자베스 1세재위 1558~1603가 있다. 엘리자베스 1세는 유폐되다시피 한 성장기를 보냈다. 아버지 헨리 8세에 의해 죽임을 당한 어머니를 둔 때문이다. 우여곡절 끝에 즉위했지만 그 위상이 변변할 리가 없었다. 그런데 정치가 분열되고 왕권이 약할 때에는 시선을 외부로 돌리는 것만 한 것이 없는 법이다. 그중에 가장 효과적인 것이 바로 전쟁이다.

엘리자베스 1세 역시 왕권의 강화를 위해 해외문제로 정치력을 집중시키고자 했다. 하지만 에스파냐나 포르투갈과 같은 해군이 없었고, 왕실의 재정은 바닥을 드러내고 있었다. 이럴 때 여왕은 생각지도 못한 묘수를 낸다. 바로 해적질을 공인함으로써 대해양시대에 지중해와 대서양을 기반으로 약탈을 일삼던 해적을 공적 영역 안으로 끌어들인 것이다. 심지어 해적선장과 해적들을 해군으로 편입하고 지휘권을 주었다. 약탈대상은 주로 에스파냐와 그들의 식민지를 오가는 선박이었고, 빼앗은 재화는 영국 왕실의 곳간을 채우는 데 사용되었다.

엘리자베스 1세 때 활약한 해적 중 가장 대표적인 인물을 꼽으라면 당연히 해적왕이라고 불렸던 프랜시스 드레이크다. 그는 열세 살 때부터 노예무역을 했고, 이후 자신의 배를 가진 해적선장으로 악명을 떨친 범죄자였다. 여왕은 이런 드레이크를 은밀하게 지원하고 묵인하는 대신 에스파냐 선박으로부터 약탈한 재화를 받아먹었다. 재정확충을 위해 교전국의 선박을 공격할 수 있는 권한을 정부가 인정한

프랜시스 드레이크(1540?~1596)

민간 소유의 무장선박, 이른바 사략선을 이용한 것이다. 쉽게 말하면 국가공인 해적이랄까.

그렇다 해도 영국과 해적의 밀착은 어디까지나 비공식적이었다. 또한 표면상 해적은 국적을 따질 수 없는 존재였다. 때문에 에스파냐는 드레이크가 영국 왕실의 이해에 충실하다는 것을 알면서도 영국을 적대시할 수도, 영국에 항의할 수도 없었다. 할 수 있는 것이라고는 고작 영국 출신의 해적에 대해 영국이 적극적으로 소탕에 나서야 한다고 요구하는 것뿐이었다. 물론 영국은 이를 번번이 무시했고.

해적다운 기습과 변칙으로 얻은 승리

한편 잇따른 약탈로 에스파냐의 표적이 되자 드레이크는 그동안 활약했던 아프리카와 카리브해에서 벗어나 무대를 태평양항로로 확장했다. 1577년 12월, 여왕을 설득해 에스파냐의 수송항로를 공격기로 하고 4척의 배에 170명을 싣고 긴 항해에 나섰다. 남아메리카 남쪽 마젤란해협을 돌아서는 에스파냐의 남미식민지를 손쉽

각국 대사들 앞에서 드레이크에게 기사 작위를 주는 엘리자베스 1세

게 약탈하고 다녔다. 이 지역은 이전까지 해적의 공격을 받은 적이
없어서 서인도제도와는 다르게 에스파냐 무장병력이 변변치 않았
던 것이다. 결과적으로 1580년 9월 26일, 드레이크와 57명의 선원
들은 플리머스항으로 귀환해 2,500만 파운드 가치의 약탈품을 보
란 듯이 쏟아냈다. 이로써 드레이크에게는 '두 번째 세계일주자',
'자기 배로 세계를 돈 최초의 선장'이라는 명예가 주어졌고, 여왕은
그 공을 내세워 그에게 기사 작위를 내리는 한편 그의 부하들과 그
의 배를 공식적으로 해군에 편입시켰다. 아울러 에스파냐로부터 독
립하려는 네덜란드를 지원하게 했다.

상황이 이 지경이 되자 에스파냐 펠리페 2세의 인내심은 바닥이 났다. 여왕에게 청혼했다가 거절당한 악감정까지 더해져 결국 레판토에서 오스만제국의 주력함대를 격파한 최강전력 무적함대 아르마다를 영국으로 출동시켰다. 군사력만 보면 골리앗과 다윗의 싸움이었다. 그런데 에스파냐는 일시에 해상을 장악하고 곧바로 영국에 상륙해 육상전을 하겠다는 생각으로 주력부대를 육군 중심으로 구성했다. 그러나 이들은 한 가지를 계산하지 못했다. 바로 영국의 앞바다를 드레이크가 지키고 있다는 것이었다.

〈아르마다의 패배〉(1796), 필립 자크 드 루테르부르

드레이크를 부제독으로 하는 영국해군은 해안의 지형과 계절적 요인, 그리고 해적의 특징인 변칙전술로 해상전을 질질 끌며 아르마다를 지치게 했다. 그러다 아르마다가 태풍을 피해 칼레에 정박했을 때였다. 드레이크는 화약과 기름으로 불타는 선박을 앞세워 기습공격을 감행했다. 아르마다는 속수무책이었다. 게다가 대부분 육상군이던 에스파냐 병사들은 선상 백병전에서도 밀릴 수밖에 없었다. 제복을 입고 있었지만 영국해군의 속내는 여전히 해적이었기 때문이다. 결국 아르마다는 기함이 나포되었고 군함 11척이 침몰했으며 나머지도 회복하기 힘든 상흔을 입었다. 살아남은 에스파냐 병사들도 애초의 절반밖에 되지 않았다. 한편 이날의 승리로 영국은 해상을 장악하고 전 세계에 식민지를 건설해나갔다. 해가 지지 않는 나라로 가는 첫 걸음이었다.

EU에서 탈퇴한 영국이 그들이 원한 대로 또다시 해가 지지 않는 나라가 될 것인지 현재로서는 알 수 없다. 그러나 그들이 누렸던 그 영광은 저 스스로 쌓아올린 명예가 아니라 다른 나라를 수탈하고 짓밟아서 만들어낸 영욕이었다는 것을 잊지 말았으면 좋겠다. 그 수단과 방법 역시 자랑할 만한 것이 아니었다는 것도….

묻어버린 방사능의 공포

2011년 섬섬도 무서운 일이 일어났다. 지진 – 쓰나미 – 정전 – 냉각시스템 마비 – 수소폭발 – 핵연료봉 융용. 후쿠시마 원전 사고다. 지역은 폐쇄되었고, 지역민들은 이주당했다. 농지도 산도 바다도 방사능으로부터 안전한 곳은 없었다. 그런데 오늘도 핵연료봉은 조금씩 지구 중심부로 기어들고 있으며, 방사능에 오염된 냉각수 또한 여전히 지하로 바다로 흘러들고 있다. 언제 이전으로 돌아갈 수 있을지 가늠할 수조차 없다. 원전을 이전상태로 복구하는 것은 고사하고 시한폭탄이나 다름없는 핵연료봉을 제거할 기술이 없기 때문이다. 지금 할 수 있는 건 거대한 시멘트더미로 덮어 방사능 유출을 최소화하는 것뿐이다.

인류가 핵분열을 발견한 건 100년이 채 되지 않는다. 전쟁도 막았고 죽어가는 지구를 살리기 위한 대체에너지로의 비전도 나왔다. 그럼에도 인류에게 비극, 아닌 재앙을 던져줬다는 것은 부인될 수가 없다. 일본의 히로시마 원폭은 말할 것도 없고, 미국의 스마일섬 원전사고가 그랬으며, 구소련의 체르노빌 원전사고가 그랬다. 최근에는 프랑스 플라망빌 원전사고도 있었다. 그리고 우리가 잘 알지 못했던, 그러나 큰 재앙이 될 뻔한 사고도 있었다.

1946년 5월 21일이었다. 미국 로스앨러모스 국립연구소에서는 원자력 관련 연구가 진행되고 있었다. 참가원은 제정러시아에서 캐나다로 이주

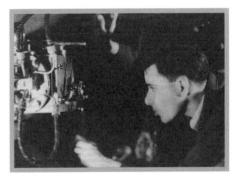
젊은 시절의 루이스 알렉산더 슬로틴

한 유대인계 물리학자 겸 화학자 슬로틴을 포함해 모두 일곱 명이었다. 그날의 실험은 핵실험에 사용될 플루토늄이 어떤 조건에서 연쇄반응을 일으키는가를 알아보는 것이었다.

일반적으로 핵분열을 하기 전의 플루토늄은 체내로 들어가지 않는 한 위험하지 않다. 때문에 이날 실험은 평온한 상태에서 진행되고 있었다. 물론 실험자들은 보호장비도 하지 않았다. 그런데 실험을 주도하던 슬로틴이 큰 실수를 하고 만다. 바로 플루토늄이 들어 있는 반구와 반구 사이의 거리를 조절하고 있던 스크루드라이버를 놓치고 만 것이다. 그 결과 두 반구가 완전히 밀착되어 닫혔고, 그 안의 플루토늄이 임계량을 초과하면서 핵분열 연쇄반응을 일으키기 시작했다. 실험실은 곧바로 반구들 사이에서 뿜어져 나온 푸른 빛과 열파에 휩싸였고, 과학자들은 공포에 질렸다.

슬로틴의 피폭사고 재현장면

아름다운 푸른빛의 재앙

가장 먼저 정신을 차린 건 실험체에 가장 가까이 있었던 슬로틴이었다. 그는 곧바로 위쪽의 반구를 맨손을 밀쳐냈다. 다행히 밀착되었던 반구들이 바닥에 떨어지면서 분리되었고, 연쇄반응도 중지되었다. 그러나 그의 손은 이미 핵분열에 수반되는 고온에 회복하기 어려운 화상을 입은 뒤였다. 물론 진짜 문제는 따로 있었다. 21시버트^{Sv}의 방사능 피폭이 그것이었다. 병원에서 흉부 X-선을 한번 촬영할 때 인체가 받는 방사선의 양이 대략 0.001시버트인 것을 생각하면 슬로틴은 보통사람이 2만 1,000회에 걸쳐 받아야 할 방사선을 한순간에 뒤집어쓴 것이었다.

슬로틴에게는 곧 사망선고였다. 실제로 슬로틴은 건물에서 나오자마자 구토를 하기 시작했다. 그리고 곧바로 동료들과 함께 병원으로 옮겨졌지만 의사들이 할 수 있는 것은 강력한 진통제로 통증을 덜어주는 것뿐이었다. 결국 슬로틴은 사고 9일 후에 사망했다. 실험에 참가했던 동료 과학자들도 마찬가지였다. 제일 가까이에 있던 사람부터 비교적 멀리 있던 사람까지 각각 3.6시버트에서 0.37시버트의 피폭을 당했고, 사고 후 20년 안에 모두 심장마비·암·

급성골수성백혈병 · 재생불량성 빈혈 · 세균성감염 등으로 사망했다. 당시 사용된 플루토늄의 양은 그로부터 두 달 뒤 남태평양 비키니섬에서 있었던 핵실험에 사용된 양의 절반이었다. 비키니섬에서는 아직도 어업이 금지되고 있다.

실수와 안일함이 부른 참사

3대 원전사고 말고도 핵으로 인한 방사능 유출과 피폭 관련 사고는 슬로틴 이전에도 있었고, 이후에도 있었다. 그런데 이런 사고들에는 공통점이 있다. 실수와 판단착오로 사고가 일어났다는 것이다. 총 87만 명이 피폭된 구소련 마야크의 재처리공장 방사능 유출사고도 그중 하나였고, 1985년 브라질 고이아니아 지방의 암 전문의료원 방사능 유출사고와 1999년 일본 도카이 핵연료 가공시설 임계사고도 마찬가지였다. 냉각장치를 끄고 실험하는 어처구니없는 짓이 폭발로 이어진 게 체르노빌의 사고이고, 고준위 방사성폐기물을 전용 저장시설 용량이 초과했다는 이유로 인근 데차강에 흘려버린 게 마야크의 사고이며, 위험한 세슘이 들어 있는 방사선치료기를 방치하다 도난당하면서 한 도시를 쑥대밭으로 만든 게 고이 아니아의 사고다. 도카이의 사고도 안전상의 절차를 무시하다 일어났다.

　사실 후쿠시마원전사고도 사전에 막을 수 있었다. 쓰나미로 원전에 전력이 차단되었을 때 바로 가동을 중단했다면 말이다. 그러나 원전을 관리하는 도쿄전력은 원전 재가동에 들어가는 비용을 아끼기 위해 망설이면서 사태를 해결할 수 있는 유일한 기회를 날리고 말았다.

　최근 후쿠시마 앞바다에는 그린피스 활동가들이 수시로 감시를 이어가고 있다. 일본정부가 후쿠시마원전에서 나온 오염수를 바다에 흘려보내겠다고 했기 때문이다. 도쿄올림픽에 참가하는 선수들에게 후쿠시마농산물을 제공하겠다는 둥 오염토가 방치되어 있는 바로 옆에서 경기를 치를 것이라는 둥 후쿠시마산 농산물을 일본 전역의 식당과 편의점에 제공하고 있다는 둥 망언이라 할 수밖에 없는 기함 나오는 발표들도 해왔다. 1986년에 일어난 체르노빌이 지금도 반경 100킬로미터 이내의 사람 출입을 금지하고 있는 것과 비교된다. 그런데 일본은 알고나 있을까? 방사능을 발견한 마리 퀴리의 실험노트가 아직까지도 방사능을 품어내고 있다는 것을….

악마의 과일에서
우주식량까지

인류 최초로 달에 착륙한 사람은 1969년 미국의 아폴로 13호의 우주인 닐 암스트롱이었다. 이후 인류는 달에 착륙하는 대신 주위를 돌았고, 특히 달의 뒷면은 전파가 도달하지 않는다는 문제와 실효성에 의문이 있어 탐사를 기한 없이 미뤄왔다. 그런데 2019년 1월 3일, 중국의 달탐사선 '창어 4호'가 달의 뒷면에 성공적으로 착륙한 데 이어 창어 4호에서 분리된 탐사로봇 '위투옥토끼 2호'가 통신 중계위성 '췌차오오작교'와 데이터 전송·연결에 성공해 과학탐사를 위한 정상적 작업을 수행하면서 달착륙 역사를 새로 썼다. 2020년 12월에는 창어 5호가 표본을 싣고 지구로 귀환했다. 이런 중국의 도약에 지금까지 우주 관련 최강국임을 자임했던 미국은 무인탐사선을 2021년에 화성에 착륙시킨 데 이어 2030년까지는 인간이 직접 화성에 착륙해 탐사하겠다는 계획을 발표했다. 또한 민간업체인 스페이스X는 민간인을 태워 달 궤도여행에 도전하겠다는 계획 아래 대형로켓 개발에 매진하고 있다. 만화나 영화에서나 보던 우주여행이 현실이 될 수도 있다는 의미다.

그런데 갑자기 궁금하다. 미국 항공우주국NASA이 화성을 한 번 왕복하는 데 520일 걸릴 거라던데 그동안 필요한 식량은 어떻게 할 것인가 하는 것이다. 화성에 식당이 있을 리 만무하니만큼 1년 반치 식량을 우주선에 싣고 가야 한다는 것이니 까딱하다가는 우주선이 식량으로만 가득 찰 판이다. 물론 우주선이 상용화될 쯤에는 5대 영양소와 포만감을 한꺼번에 해결할 수 있는 알약이 개발될 수도 있다. 하지만 먹는 행위가 주는 행복을 포기하기는 쉽지 않은 모양이다. 우주에서 채소를 키우고 육류를 만드는 우주식량 개발이 진행되고 있는 것을 보면 말이다. 영화 〈마션〉에서처럼 화성에서 식량을 생산해내겠다는 것이다. 실제로 NASA는 2016년에 화성에서 농사를 지을 수 있는지 알아보고자 페루에서 실험을 진행했다. 그때 대상 작물은 바로 감자였다.

감자를 먹으면 나병에 걸린다?

감자는 벼, 밀, 옥수수 다음으로 많이 생산하는 농산물로 미국과 유럽에서 주식으로 애용되고 있다. 기후와 토질이 나빠도 잘 자라기 때문이고, 다양한 영양소와 필수아미노산을 함유했기 때문이다. 괜히 중국이 기상이변에 대비한 '안보식량'으로 재배하고, NASA가 우주식량으로 개발하는 것이 아니다. 우리나라에서도 과거 식량이 부족했던 시절 구황작물로서 주린 배를 달래주는 효자식품이었다.

유럽에 감자를 전해준 남미 잉카인들

하지만 원산지 페루에서 1565년 유럽에 처음 소개됐을 때만 해도 오늘날 구황작물을 넘어 안보식량, 우주식량으로까지 그 위상을 높이게 될 것이라고 예상한 사람은 없었다. "먹으면 지옥으로 떨어진다", "먹으면 나병에 걸린다"는 유언비어 때문이었다. 울퉁불퉁 못난 생김새에다가 잘라 두었을 때 검게 변하는 것, 그리고 싹이 튼 감자에 생기는 독성이 유언비어에 힘을 실어주었다. 종교적인 편견도 한몫했다. 성경이 언급한 먹어도 되는 음식에 감자가 포함되지 않았기 때문이다. 또한 하늘, 지상, 땅을 각각 천국, 연옥, 지옥으로 여기는 중세 세계관에 따라 땅에서 나는 작물들을 악마나 천민들이 먹는 것으로 혐오했다. 이러다 보니 감자는 '악마의 과일' 혹은 '가축들이나 먹는 것', '선택의 여지가 없는 저소득층만 먹는 것' 정도의 애물단지 취급을 받았다. 그 말도 안 되는 미신을 얼마나 맹신했냐 하면 1630년 프랑스 부르고뉴 지방의회가 나병을 예방한다면서 내놓은 정책이 '감자재배 금지'일 정도였다.

한편 당시 독일은 농지가 부족하고 악천후가 잦은 척박한 땅이었다. 식량난은 매년 되풀이되었고, 그때마다 식량확보를 위해 이웃 마을을 약탈했다. 게르만족이 유럽 남부로 이동해온 것도 식량난이 한 원인이었으며, 962년 독일 작센왕조의 오토 1세가 세운 신성로마제국이 오래지 않아 혼란에 빠진 것도 식량난 탓이었다. 그럼에도 감자는 달갑지 않은 작물이었다. 이런 감자에 대한 인식이 변화하기 시작한 지점에 프로이센의 프리드리히 2세재위 1740~1786가 있다. 그는 먼저 1744년 농민들에게 강제로 감자를 심게 했다. 또한 군대로 하여 재배와 수확, 수송과 보급을 통제하게 했다. 그리고 오스트리아와 왕위계승권을 놓고 벌인 전쟁오스트리아 왕위계승전쟁에서 감자를 '전투식량'으로 사용해 승리를 거뒀다. 그러자 감자에 대한 인식이 변하기 시작했다. 프리드리히 2세를 '감자대왕'이라고 하는 것도 이해가 되는 대목이다.

러시아는 감자에 대한 저항이 독일보다 질겼다. 근대화 정책을 펼치고자 했던 표트르 대제재위 1682~1725가 기근 해결책으로서 감자를 보급하려 했는데, 개혁을 반대했던 구교도 지도자들이 표트르 대제의 힘을 빼기 위해 삼자에 대한 괴소문을 퍼뜨렸기 때문이다. 정부

감자 수확을 시찰하는 프리드리히 2세(〈왕은 어디서에나 살펴보신다〉(1886), 로베르트 바트뮐러)

의 감자 보급에 맞서 우랄이나 볼가강 일대에서는 농민폭동까지 일어날 정도로 반발이 거셌다.

　　프랑스에서도 감자 보급은 쉽지 않았다. 그녀가 없었다면 불가능했을 수도 있다. 바로 루이 16세의 왕비 마리 앙투아네트다. 왕비는 감자요리를 20가지 이상 만들어 왕실 연회장에 내놓아 거부감을 줄였고, '감자꽃'으로 머리를 장식하고 무도회에 참석해 유행을 이끌었다. 또 왕궁 정원에 감자를 심고는 경비병을 세워 지키게 했다. 이 심리전이 주효했던 것인지 점차 귀족들에게 감자를 재배하는 것이 유행이 되었고, 나중에는 농민들에게까지 퍼져나갔다. 비

〈감자 먹는 사람들〉(1885), 빈센트 반 고흐

록 먹기 위한 용도는 아니었지만, 감자에 대한 인식이 변화하는 데 큰 영향을 주었다. 그래서 혹자는 이렇게도 말한다. "감자가 더 일찍 보급되었다면 프랑스대혁명은 더 늦게 일어났을 것이다"라고 말이다. 혁명이 굶주림에서 시작된 만큼 감자로 배가 덜 고팠다면 혁명이 절실하지 않을 수 있었다는 의미겠다.

감자 덕분에, 감자 때문에

하지만 '감자 때문에'라고 할 만한 일도 있었다. 18~19세기 아일랜드의 농민들은 잉글랜드인 지주와 중개인들의 수탈로 땅을 빼앗기고 날품팔이로 전락했다. 수입이 적은 데다가 불확실한 이들에게는 키우기도 쉽고 수확량도 많으며 조리가 간편한 식량이 필요했고, 그런 면에서 안성맞춤이었던 감자가 아일랜드에 빠르게 전파되었다. 1840년대에는 아일랜드 인구의 40%가 감자에만 의존해 살았고, 이들의 감자 소비량은 1인당 연평균 1톤이 넘을 정도였다. 그런데 1845년부터 3년간 유럽 전역에 감자마름병이 유행했다. 감자 생산이 격감했고, 사람들은 굶주렸다. 엎친 데 덮친 격으로 허약해진 몸속으로 콜레라와 발진티푸스가 침투했다. 사망자가 기하급수

〈아일랜드 기근〉(1850), 조지 프레데릭 와츠

적으로 늘었다. 이 시기에 무려 100만 명에 이르는 이들이 숨졌다. 전체 인구의 10%를 훨씬 넘는 수였다.

2,300년 전 맹자孟子는 "먹고사는 문제가 안정되지 않으면 곧은 마음을 유지하기 어렵다"고 했다. 지금도 흉년이 들면 정부가 적극적으로 해결하고자 하는 이유다. 예측불허에 변화무쌍한 자연 앞에서 굶지 않고 잘 살려면 편견 없는 수용과 인정이 필요한 게 아닐까 하는 생각을 감자의 인생역전을 통해 해보게 된다.

고대이집트에서도
재판을 거래했다

2016년 초유의 대통령 탄핵을 이끈 '최순실 게이트'가 세상에 드러난 그 시작에는 '정운호 게이트'가 이었다. 상습도박 혐의로 구속기소된 정운호 전 네이처리퍼블릭 대표가 자신의 재판에서 유리한 결과를 얻기 위해 부장판사 출신 변호사를 고용하고 현직 부장판사에게 차량과 현금 및 수표를 건네는 등 로비를 했다는 의혹이 불거졌고, 이 의혹의 수사과정에서 우병우 전 민정수석의 연관성이 드러나면서 비선실세의 존재가 드러났기 때문이다. 우리 사회에 깊이 뿌리박고 있는 전관예우와 이들의 로비로 좌지우지되는, 즉 힘과 돈으로 재판이 거래되고 있는 법조계의 민낯이 고스란히 드러난 사건이라 하겠다.

법조계 비리사건은 이전에도 있었고, 희귀하지도 않다. 1998년에 의정부지원 판사 15명이 검은돈을 받은 사실이 들통 난 이래 연례행사처럼 반복되고 있다. 물론 그때마다 법조계는 고강도 자정을 다짐하곤 했다. 하지만 '중이 제 머리 못 깎는다'는 걸 매번 확인해야 했다.

재판과 함께 시작된 법조비리

기록으로 남아 있는 가장 오래된 법조비리는 기원전 1156년 람세스 3세 때로 거슬러 올라간다. 람세스 3세는 큰 외침을 세 차례 격퇴하고서 왕권강화와 국가번영을 이룬 위대한 왕이었다. 하지만 그의 말년은 결코 순탄치 않았다. 관료주의와 경제난 때문이었다. 왕의 무덤, 즉 피라미드를 건설하던 인부들이 전부 일손을 놓아버린 일도 그 무렵이었다. 식량배급이 매번 늦어지자 집단행동에 나선 것이다. 역사상 최초의 파업으로 기록된 사건이다.

람세스 3세의 부장인형 샤브티(shabti)

역모도 있었다. 그의 후궁이 경호·경비가 느슨한 때에 왕을 죽이고 자신의 아들을 왕위에 앉힌다는 계획을 꾸민 것이다. 이 역모에는 정부의 관리는 물론이고 군인까지 가담했다. 다행히 역모는 사전에 들통이 났다. 주동자 37명은 처형되고 일부 가담자는 음독자살을 했다. 왕위를 노린 모자는 죽음을 당한 것은 물론이고 무덤도 묘비도 이름도 세상에서 지워졌다. 내세에서의 삶까지 파괴해버린 것이다. 그런데 대대적인 숙청이 이뤄지는 와중에 재판관들이 죄인들로부터 돈을 받은 게 드러났다. 돈을 준 이들은 역모에 연루된 하렘의 여성들이었고, 처벌을 피하거나 감하기 위해 재판관들을 매수한 것이었다. 결국 해당 재판관들은 도리어 재판을 받는 처지가 되었고, 귀와 코가 잘리는 형벌을 받았다. 그 때문인지 이후 고대이집트에서는 유사범죄가 거의 없었다고 한다.

뇌물 받은 재판관은 장형 100대

조선시대 사법제도도 비리법관에게 냉혹했다. 뇌물 등을 받고 재판한 관리는 장형 100대를 맞고 공직에서 퇴출당했다. 이때의 퇴출은 영구적인 것으로서 국가의 경사 때 내리는 대사면에 포함되더라도 복직할 수는 없었다. 아울러 조선시대에는 검찰을 견제하는 장치도 훌륭하게 작동했다. 검찰 격인 사헌부는 봐주기 수사가 원천적으로 불가능했

〈관장〉(구한말 풍속화), 김준근

다. 봐주기 수사에 대한 의혹으로 언론기관인 사간원이 탄핵하면 의금부나 형조가 곧바로 재수사에 들어가기 때문이다. 수사권 분산과 권력 간 상호감시가 사헌부 독주를 막았던 것이다.

오늘날 재판관들은 권력과 돈에 굴복해 재판개입을 해놓고도 뻔뻔하게 탄핵에 불복하고 있다. 사법농단 재판에서는 관련 법관들에게 무죄가 선고되고 있다. 그런 의미에서 옛것을 익히고 새로운 것을 알아간다는 '온고지신溫故知新'은 학문탐구뿐 아니라 법조계 개혁에도 필요한 가르침이 아닐까 싶다.

천고의 뒤에
백마 타고 오는 초인

까마득한 날에
하늘이 처음 열리고
어데 닭 우는 소리 들렸으랴

모든 산맥들이
바다를 연모해 휘달릴 때도
차마 이곳을 범하든 못하였으리라

끊임없는 광음을
부지런한 계절이 피어선 지고
큰 강물이 비로소 길을 열었다

지금 눈 나리고
매화향기 홀로 아득하니
내 여기 가난한 노래의 씨를 뿌려라

다시 천고의 뒤에
백마 타고 오는 초인이 있어
이 광야에서 목 놓아 부르게 하리라

일제강점기 조국의 광복을 염원하는 미래 지향적인 신념을 드러낸 이육사[1904~1944]의 시 〈광야〉다. 이육사는 1942년 중국 베이징 일본총영사관 지하의 참혹한 감옥에서 고문을 견뎌내는 와중에 이 시를 썼다. 현실적 공간이자 초월적 공간인 광야에서 태초를 포함한 과거 역사를 생각하고, 눈이 내리는 비극의 현재를 딛고 밝은 미래가 올 것이라는 확신과 기대, 그리고 그것을 위해 자신을 희생할 수 있다는 의지가 보인다. 그래서 우리는 이육사가 그토록 기다렸던 '백마를 타고 오는 초인'을 '해방된 민족적 자아'로 배웠다. 그런데 최근 실제 모델을 기반으로 시를 썼다는 주장에 힘이 실리고 있다. 안중근도 아니고 윤봉길도 아니고, 아니 근래 영화로 나왔던 홍범도도 아니다. 그는 바로 '만주 최후의 파르티잔'으로 불리는 허형식[1909~1942]이다.

의병장의 후손에서 항일전사로

소년 시절의 허형식

허형식은 경상북도 구미 출신으로 구한말 의병지도자이자 서대문형무소의 '1호 사형수'였던 왕산 허위 선생의 당질^{사촌형제의 아들}이다. 집안 내력 때문에 그의 집안은 일제에 의해 일거수일투족을 감시당했다. 국권이 강탈된 후에는 더 심해져서 결국 그의 집안은 1912년부터 순차적으로 간도로 이주했다. 허형식, 그 역시 1915년 10대 때 도망치듯 간도로 갔다.

그가 항일전사로 이름을 날리기 시작한 것은 1930년 하얼빈 일본총영사관을 맨몸으로 급습하면서부터다. 그 일로 1년간 수감되었던 그는 출소 후 1935년에는 동북인민혁명군 단장, 1936년에는 동북항일연군 정치부 주임, 1939년에는 동북항일연군 제3로군 군장을 맡으며 만주에서의 항일투쟁을 주도해나갔다. 한·중 통합 군사기관으로서 동북인민혁명군과 이름을 바꾼 동북항일연군에서 허형식은 유일한 남한 출신 지휘관이었다.

친일세력에 의해 역사에서 사라져

허형식은 3만 명의 동북항일연군을 이끌고 전장을 누볐다. 그리고 300여 회 전투에 참가해 27개 도시를 점령하고 일본군과 일본 경찰 1,557명을 사살했다. 3만 명 넘는 부하를 통솔한 인물은 우리 역사에 없었다. 전과만 보더라도 김좌진 장군이나 홍범도 장군을 능가한다. 그것은 중국공산당 본군과 비교해도 마찬가지다. 오죽하면 당시 중국 사람들이 마오쩌둥은 몰라도 허형식은 알았다는 말이 있었을까. 중국정부가 1998년에 허형식기념비를 세우고, 2014년에 항일영웅열사 명단에 올린 것도 이런 맥락에서 이해된다.

동북항일연군 제1로군(1939)

하지만 1939년부터 일제는 관동군과 만주국군의 마지막 특설대 등을 동원해 대규모 소탕작전을 전개했다. 독립군을 잡는다는 구실로 마을을 통째로 몰살시킨 일도 비일비재했다. 이런 학살은 중국인 마을과 조선인 마을을 가리지 않았다. 그러다 보니 중국인 마을의 사람들이 조선인 마을을 일본군에게 제보하기에 이르렀다. 근거지를 잃은 독립군들은 점점 궁지에 몰렸고, 일본군의 총탄에 쓰러져 갔다. 허형식도 그랬다. 간도특설대에 의해서…. 1938년에 조직된 간도특설대는 동북항일연군과 팔로군 등 만주에서 활동하는 독립군 조직을 토벌하기 위한 부대였다. 만주 독립군들의 무장항쟁이 성과를 거두자 국내에서 곤경에 빠진 친일파 세력이 '조선 독립군은 조선인이 다스려야 한다'며 설립을 주도했고, 그래서 부대원 대부분이 조선인이었다. 이렇게 탄생한 간도특설대는 독립군 탄압은 물론 민간인 학살과 약탈, 고문, 강간으로 악명을 떨쳤다. 이승만 정권에서 3군 참모총장을 지내고 심지어 쿠데타로 대통령 자리를 꿰찼던 독재자 박정희와 끝까지 반성 없었던 백선엽도 이 부대 출신이다. 아니, 김백일, 강재호, 신현준, 송석하, 마동악 등 이승만 정권 시절 군의 요직을 차지했던 인사들 대부분이 간도특설대 출신이다. 허형식은 이들의 손에 죽임을 당하고 시신까지 훼손당했다. 해방 후에는 이들에 의해 동북항일연군 전체가 **빨갱이**로 내몰렸다.

그리고 오늘까지 중국에서 추앙받는 허형식의 이름을 우리 역사에서 지워버렸다.

　오늘 우리는 허형식을 〈광야〉를 통해 겨우 짐작한다. 1930년 말 만주에서 육사가 백마를 타고 나타난 오촌 아저씨 허형식을 만난 덕분이다. 그날 만남이 없었다면, 그때 육사가 그에게 매료되지 않았다면 어쩌면 우리는 친일세력의 의도대로 여전히 그를 잊은 채 살고 있을지도 모르겠다. 그래서 좀 궁금해졌다. 군부독재의 시절 학교에서 해방된 민족의 자아라고 칭송한 백마 탄 초인이 자신들이 죽이고 빨갱이로 몰아 역사에서 지워버린 허형식이었다는 걸 알면 그들은 어떤 표정을 지을까?

중국정부가 세운 허형식기념비(1998)

영웅과 매국노는
한 끗 차이?

430여 년 전 7월 어느 날, 남해의 바다는 왜선에서 피어오르는 불길과 왜선의 파편, 그리고 왜군의 피와 그들의 비명으로 가득했다. 세계 해전사에서 최고의 해전으로 기록하고 있는 한산도대첩이 있던 날이었다. 이날의 승리로 조선은 왜국 수군의 주력을 크게 대파하여 남해안의 제해권을 장악했고, 남해안의 제해권을 잃은 왜국은 해로를 통한 수륙병진계획을 포기해야만 했다. 또한 육상군에게 식량공급이 어려워지면서 왜군의 육상활동에도 큰 타격을 주었다. 하지만 승리의 영광은 전투를 이끈 전라좌수사 이순신이 아니라 바다를 버리자고 했던 경상우수사 원균에게 돌아갔다. 심지어 원균의 중상과 모함이 조정 내의 분당적分黨的 시론에 편승하면서 이순신을 죄인으로 만들었고, 한양으로 압송해 투옥까지 시켰다. 이순신이 다시 바다로 가게 된 건 원균의 연이은 패배로 조선의 바다가 위험해지고 나서였다. 그것도 장수의 견장을 뗀 채였다. 영화 〈명량〉에서의 이순신이 바로 한산도대첩의 성과를 바다에 처박아버리고 위풍당당했던 거북선과 판옥선을 거의 다 수장시킨 뒤 12척으로 겨우 명맥만 유지하던 조선 수군과 함께 전장에 나섰던 이순신이었던 것이다.

그런데 영웅을 시기하는 세력은 시대와 민족과 나라를 따지지 않고 있었던 모양이다. 결은 좀 다르지만 그런 의미에서 베네딕트 아널드도 시기와 견제에 희생당한 인물이라 할 수 있다. 베네딕트 아널드는 무역업으로 자수성가한 사업가이기도 했지만, 그보다는 미국독립전쟁에서 혁혁한 공을 세운 전쟁영웅으로 더 유명하다. 1775년 미국 13개주가 연합해 영국에 맞서며 시작된 미국독립전쟁에서 초반 열세를 뒤집고 미국이 끝내 전쟁에서 승리를 거머쥐는 데 혁혁한 공을 세운 인물이기 때문이다. 하지만 지금은 그 누구도 그를 가리켜 전쟁영웅이라고 하지 않는다. 대신 이렇게 부른다. '희대의 매국노'라고.

전쟁의 판세를 바꾼 독립의 영웅

영국은 1607년부터 북아메리카 대륙을 실질적으로 지배해왔다. 그런데 국교회를 옹호한 제임스 1세의 압박에 75만여 명의 청교도들이 신앙의 자유를 찾아 북아메리카로 이주했다. 이에 영국은 이주민을 프랑스와 인디언과의 전쟁에 소요된 비용을 메울 수 있는 착취대상으로 취급, 여러 가지 법령으로 식민지를 통제하고 세금을 늘

베네딕트 아널드(1741~1801)

리는 등 탄압을 하기 시작했다.

그런 중에 영국은 북아메리카에서 동인도회사만 차를 판매할 수 있도록 하는 법홍차법, 1773을 만들어 독과점까지 허용했다. 이에 식민지 주민들은 보스턴 항구에 정박해 있던 동인도회사의 배를 습격해 차가 가득 들어 있는 상자들을 모두 바다에 던져버리는 것으로 항의했다. 일명 '보스턴 차 사건'이다. 그러나 실제로는 동인도회사의 독과점에 반발한 영국 상인들과 밀수꾼들이 좀도둑과 전과범들을 인디언으로 분장시켜 일으킨 사건이었다. 식민지 주민들은 오히려

이 사건에 대해 아메리카에 하나도 도움이 되지 않는 일이라며 맹비난을 퍼부었다. 또 성금으로 배상금을 자체적으로 모아 영국정부에 전달하기도 했다. 반면 영국정부는 보스턴 차 사건을 일종의 기회로 여겼다. 그래서 배상금을 거부하고 일명 '참을 수 없는 법Intolerable Acts, 1774을 제정했다. 매사추세츠 주정부가 가지고 있었던 주의원 선발권매사추세츠 정부법과 식민지 주재 영국관리와 영국군의 재판권재판법을 빼앗고, 보스턴항을 폐쇄보스턴항구법하는 것을 골자로 하는 법안으로 자치권을 요구하고 있던 식민지 주민들의 손과 발을 꽁꽁 묶어버린 것이다. 결국 13개주 식민지 주민들이 영국으로부터 독립하기 위해 무기를 들었다. 미국독립전쟁의 시작이었다.

그러나 애초에 승산을 논할 가치도 없는 전쟁이었다. 영국군은 훈련받은 정규군이었고, 아메리카의 대륙군은 종교의 자유를 위해 이주해 온 일개 시민들이었으니까. 대륙군은 기세 좋게 시작했던 것과 달리 곳곳에서 패하기만 했다. 적어도 베네딕트 아널드가 대륙군에게 최초의 승리를 안겨주기 전까지는 그랬다. 그가 뉴욕주 티콘데로가요새를 점령한 이후 전세가 바뀌기 시작한 것이다.

베네딕트 아널드는 1776년 가을에도 위기에 처한 대륙군을 구해냈다. 3만 6,000여 명의 영국군을 맞아 큰 피해 없이 4주나 시간을 끌면서 대륙군의 마지막 거점인 뉴잉글랜드를 온전히 지켜낸 것이다. 독립전쟁의 분수령이 된 1777년 뉴욕주 새러토가전투에서의 대승도 그의 전과였다. 심지어 상관인 호레이쇼 게이츠 장군의 반대를 무릅쓰고 단독작전을 감행해 거둔 승리였다.

배신감에 배신을 선택하다

새러토가전투에서 아널드는 다리에 총상까지 입었다. 그만큼 전력을 다한 전투였고, 값진 성과였다. 그러나 모든 공이 뒤에서 딴죽만 걸던 게이츠 장군에게 돌아갔다. 설상가상 1778년에는 아널드를 비판하는 투서까지 날아들었다. 정적들이 장사꾼 출신의 아널드가 시장을 독점해서 돈을 챙기려 한다는 소문을 퍼트린 데 이어 부패혐의로 고발한 것이었다. 영국군 퇴각 후 필라델피아에서 군정장관으로 일할 때 치솟는 물가를 잡기 위해 상점 운영을 잠시 중단시킨 게 화근이었다. 여론은 아널드를 전쟁영웅에서 하루아침에 부패관리로 몰아갔다. 대륙회의에서 무고로 확인되었지만, 아널드에 대한 평판은 바닥없이 추락한 다음이었다.

제 성과를 으스대지는 않았지만 자랑스러워했던 아놀드로서는 참을 수 없는 치욕이었고, 그래서 분노했다. 결국 그는 시간이 지나면 내 진심을 알아줄 것이라는 인내 대신 배신을 선택했다. 허드슨강을 굽어보는 군사거점을 영국군에 넘겨주기 위한 계략을 꾸몄고, 이 계략이 드러나자 영국군에 투항했으며, 영국군 준장 계급장을 달고 대륙군을 향해 총구를 들이대기까지 했다. 이에 벤저민 프랭클린은 "유다는 한 남자만 팔았지만, 아놀드는 300만 명을 팔아넘겼다"고 비난했고, 미국인들은 아기 이름을 지을 때 베네딕트를 기피할 정도로 그를 혐오했다.

"시대가 영웅을 만든다"고 한다. "시대가 배신자를 만든다"고도 한다. 베네딕트 아놀드에게 딱 맞는 말이 아닌가 싶다. 그런데 누군가는 영웅으로 남았고, 누군가는 배신자로 남았다. 시대나 남 탓을 하기도 하지만 결국 선택의 몫이다. 4년마다 300명 국회의원의 임기가 시작된다. 내가 건 기대를 넘어서는 영웅은 바라지도 않는다. 적어도 국회의원의 권한을 자기 배를 불리는 데 쓰지 않기를 바랄 뿐이다. '관행', '남들도 다'와 같은 건 결국 변명이다. 이순신은 되지 못하더라도 아놀드는 되지 말아야지 않겠어?

국론분열의 해결은
엽전 던지기

우리나라 사회갈등지수는 경제협력개발기구^{OECD} 회원국 중 다섯 번째이고, 관리능력은 바닥권이다. 사회갈등으로 인한 경제적 비용도 최대 246조 원으로 추정된다. 1인당 국내총생산^{GDP}의 약 27%를 갈등해소에 소비하고 있다는 말이다. 하지만 국민통합에 앞장서야 할 정치권은 되레 분열을 부추기기만 한다. 몇 년 전에도 우리는 한

일위안부합의, 사드 배치, 국정교과서 등을 놓고 사회적 갈등과 대립을 겪었다. 헌정사상 최초로 대통령의 탄핵이 인용된 2017년 3월에도 찬성 또는 반대로 나뉘어 대립했다. 지금도 부동산으로 비트코인으로 경남권신공항으로 코로나19 백신으로 갈라져 싸우고 있다.

태종의 고민

갈등은 시대를 가리지 않는다. 600여 년 전 갓 탄생한 조선도 그랬다. 당시 태종 이방원의 고민은 천도였다. 애초 조선은 건국 2년 만인 1394년 고려 도읍지였던 개경 대신 한양을 수도로 결정했다. 10월 25일부터 시작한 천도는 10월 28일 태조가 한양으로 옮기면서 비로소 완성되었다. 1395년 9월에는 경복궁도 완공되었고, 1396년에는 도성에 사대문과 네 개의 소문이 완성되었다.

종묘 전경

그런데 1399년 3월, 2대 정종은 즉위한 지 반년 만에 돌연 개경으로의 환도를 결정했다. 정종이 형제간 골육상쟁^{제1차 왕자의 난}의 장소였다는 이유로 한양을 극도로 싫어했기 때문이었다. 문제는 정조의 재위기간이 2년 2개월밖에 되지 않았다는 데 있었다. 1400년 11월, 제2차 왕자의 난으로 권력을 틀어쥔 동생 이방원에게 양위하고 상왕으로 물러나버린 것이다. 3대 태종^{이방원}은 고민에 빠졌다. 도성을 어디로 한 것인지를 두고 개경 잔류파와 무악^{경기도 파주 및 서울 서대문구와 은평구 일대} 천도파, 한양 천도파로 나뉘었기 때문이었다. 일단 아버지 이성계나 고려에 뿌리를 둔 공신들의 희망은 개경이었다. 그러나 태종에게 개경은 달갑지 않은 선택지였다. 과거 고려의 세력들이 터를 잡고 있는 곳이라 강력한 중앙집권을 이루기에 무리가 있었기 때문이다. 태종은 고려처럼 왕실이 관료들에게 휘둘리는 것을 원치 않았다. 또한 1~2차 왕자의 난의 주역이었던 만큼 정종처럼 한양에 대

태종 헌릉의 무인석

한 거부감도 없었다. 그렇다고 개국공신들의 입김이 셌던 때에 그들의 의견을 무시할 수도 없었다. 결국 고민 끝에 태종은 절충안을 내놓았다. 도읍은 개경으로 하되 종묘와 사직은 한양에 둔다는 것이었다. 하지만 논쟁은 끝나지 않았다. 각 진영은 자신들의 뜻을 관철하기 위해 토론을 벌였다. 토론이 거듭될수록 의견이 접근되기는커녕 각 진영의 골만 깊어갔다. 논쟁은 그렇게 4년이나 이어졌다.

하늘의 뜻에 따르자

1404년 어느 날 새벽 태종은 승부수를 던졌다.

임금이 말하기를 "척전(擲錢) 또한 속된 일이 아니고, 중국에서도 있었다. 고려 태조가 도읍을 정할 때 무슨 물건으로 하였는가" 하니, 조준이 말하기를 "역시 척전을 썼습니다" 하였다. 이에 임금이 말하기를 "그와 같다면 지금도 또한 척전이 좋겠다" 하였다.

– 〈태종실록〉 4년 10월 6일자 –

태종은 날짜를 정하고 그날 신하들과 함께 종묘에 예를 올렸다. 그런 다음 묘당에 들어가 향을 피우고 꿇어앉았다. 그의 앞에는 작은 밥상 하나가 놓여 있을 뿐이었다. 모두가 지켜보고 있는 가운데 운명을 가를 손이 움직였다. 무언가가 위로 던져졌다가 밥상 위로 떨어졌다. 엽전이었다. 국가 중대사를 두고 엽전 던지기척전鄭鏡를 한 것이다. 그날 엽전은 허공을 갈랐다가 떨어지기를 아홉 차례나 반복했다. 한양·개경·무악을 두고 각각 세 번씩 던져졌고, 결과는 한양이 2길吉 1흉凶, 개경과 무악이 각각 2흉 1길이었다. 태종은 그날 그 자리에서 곧바로 한양 환도를 선언했다. 그리고 재론을 엄격히 금지해버렸다. 이로써 4년을 끌어온 논쟁에 종지부가 찍혔다.

오늘은 짜장면을 먹을까 짬뽕을 먹을까를 결정하는 것도 아니고 새 나라의 수도를 엽전 던지기로 결정했다는 건 조금 충격이다. 하지만 완전히 이해 못할 일도 아니지 싶다. 답을 결정하기 어려울 때, 무엇을 결정해도 이래저래 말이 나올 수밖에 없을 때, 그때는 감히 토를 달 수 없는 존재에게 답을 구하기 마련이니 말이다. 고대그리스의 도시국가 지도자들도 국가 중대사를 결정할 때 델포이 신전을 찾아 신에게 답을 구했는데, 태종의 엽전 던지기와 다를 바 없어 보인다. 중요한 건 이렇게 결정된 사안에 대해서는 아무도 반

박하지 못한다는 것이다. 신념을 가장한 고도의 정치적 노림수로
보이는 이유다.

델포이신전

　오늘날 우리는 국가적으로 중요한 결정을 내릴 때 국민투표를 실
시한다. 국민으로 하여금 결정하게 하는 것이다. 과거의 정치가들
에게 하늘은 그야말로 하늘이었지만, 오늘의 정치가들에게 하늘은
표를 주는 국민이라는 의미다. 물론 저절로 하늘이 되는 것은 아니
다. 입에 발린 소리와 검은돈에 현혹되지 않고, 내 뜻을 분명히 밝
혀야 한다. 어떻게? 어려울 것 없다. 투표만 하면 된다. 자, 이제
가장 쉽고 분명한 방법으로 하늘이 되어볼까?

한반도의 운명,
중증환자들이 결정?

2017년 3월 5일 1박 2일 일정으로 북한을 방문했던 미국특사 일행이 4월 남북정상회담과 비핵화 및 북미대화의 가능성이라는 반가운 선물을 가져왔다. 이때만 해도 지난 10년간 얼어붙었던 남북관계와 핵과 제재를 두고 공방을 이어갔던 북미관계에 새로운 전기를 맞는 줄 알았다. 그러나 여지를 남겼던 북미 정상 간 싱가포르회담에 이어 맹탕으로 끝난 하노이회담으로 분위기는 다시 얼어붙고 말았다. 유엔은 코로나19로 힘겨운 2021년에도 열아홉 번째로 '북한인권결의안'을 의결했고, 북한은 한미연합훈련에 대응해 유도탄을 쏘았으며, 미국은 '대화할 생각이 없다'면서 유엔 추가조치까지 추진하겠다고 엄포를 놓았다. 답답한 신경전의 연속이다.

21세기의 한반도는 제2차 세계대전의 종식과 함께 시작된 냉전이 여전히 존재하고 있는 유일무이한 지역이다. 현존하는 분단국가들은 이데올로기가 아닌 종교로 대립하고 있기 때문이다. 게다가 우리의 의지로 시작된 것도 아니었다. 1950년의 한국전쟁을 대리전이라고 불리는 이유이기도 하다.

한반도를 나눠 신탁통치하라

70년 넘게 우리를 옥죄어온 냉전의 비극은 제2차 세계대전 막바지 유럽의 휴양도시에서 시작되었다. 유럽 대륙에서 벌어진 나치 독일과의 전쟁에서 연합국의 승리가 확실시되던 1945년 2월 4일이었다. 미국 루스벨트와 영국 처칠, 소련 스탈린이 한자리에 모였다. 연합국 대표로서 종전 이후 문제를 논의하기 위해서였다. 애초에 회담을 추진한 이는 스탈린이었다. 그는 의제 선정은 물론이고 회담을 위한 장소의 선정까지 주도했다. 그렇게 결정된 곳이 얄타였다. 얄타는 소련 고관들이 여름을 보내는 크림반도의 흑해를 품은 아름다운 휴양도시였다. 애초에 루스벨트와 처칠은 회담장소를 키프로스, 시칠리아, 알렉산드리아, 예루살렘 중 한 곳에서 하자고

했다. 그러나 스탈린은 자신의 건강이 나빠서 그렇게 멀리까지 갈 수 없다며 고집을 부렸다. 건강상 먼 거리를 이동하기 어려운 상태였던 것은 루스벨트나 처칠도 마찬가지였지만, 아쉬운 처지였던 그들은 얄타를 수용할 수밖에 없었다. 전쟁을 빨리 끝내려면 소련이 독일을 계속 몰아붙여야 했고, 일본제국과의 태평양전쟁에서 우위에 서려면 소련의 참전이 필요했기 때문이었다. 결국 루스벨트는 미국에서 얄타까지 배로 7,812킬로미터를, 비행기로 2,200킬로미터를, 그리고 다시 자동차로 다섯 시간을 이동해야 했다.

왼쪽부터 처칠, 루스벨트, 스탈린

심장병, 고혈압, 알콜의존에 인지장애까지

원래 루스벨트는 연설용어를 선택할 때 몹시 까다롭고 사소한 몸짓까지 반복연습을 할 정도로 철두철미한 성격이었다. 그러나 몸상태가 정상이 아니었던 루스벨트에게 얄타까지는 고된 여정이었다. 1937년부터 심해진 고혈압으로 당시 수축기 혈압이 200^{mmHg, 정상 120}이 넘었고, 심장 순환능력이 떨어지는 울혈성 심부전으로 강심제도 복용하고 있었다. 루스벨트의 참모들도 그의 병증을 알고 있었다. 하지만 당시 의학은 고혈압을 치료대상으로 삼지 않았기 때문에 문제로 여기지 않았다. 결국 63세의 고령에 병마와 싸우고 있던 그에게 고된 여정은 독이 되었다. 회담에서 그는 실언을 연발했고, 횡설수설했다. 연설문의 단어를 제대로 인식하지 못하는 일도 있었다. 혈관성 치매로 인한 인지장애가 의심되는 상태였다. 당연히 그동안 그를 세계의 지도자로 만들어준 능수능란의 협상술은 찾아볼 수 없었다. 건강상에 문제가 있었던 건 처칠도 마찬가지였다. 두 차례 세계대전으로 혼란에 빠진 영국의 국민을 희망의 웅변으로 단합시킨 탁월한 통찰력과 화려한 언술을 얄타에서만큼은 볼 수 없었다. 처칠의 주치의가 남긴 1947년의 일기를 보면 "처칠은 낮에는 암페타민으로 버티고 밤에는 진정제로 잠들었다"고 한다. "처칠은 더는 사고가 비옥하지 않고 충만하던 정신은 고갈되었다"는 내용도 있다. 치매가 장기적으로 서서히 진행되고 악화된다는 것을 생각하면 1945년 얄타회담 때 처칠의 인지능력이 온전했다고 장담할 수 없다.

회담 내내 루스벨트는 여정 중에 독감에 걸린 데다가 시차적응에 실패해 낮에는 졸려 했고 밤에는 불면에 시달렸다. 하루라도 빨리 미국으로 돌아가기만 바랄 뿐이었다. 처칠은 처칠대로 갑작스런 고열로 신음했다. 스탈린의 상황도 좋았던 것만은 아니다. 그는 평소 술과 담배를 즐겨했던 탓에 동맥경화를 앓고 있었다. 게다가 전쟁 지휘 및 행정업무로 심신이 매우 지쳐 있었다. 주치의가 은퇴를 권유할 정도였다. 얄타를 고집한 것에 건강 문제를 이유로 내건 것이 완전히 거짓말은 아니었던 셈이다. 결국 그는 쉬기를 권하는 주치의를 숙청해버림으로써 건강에

얄타회담을 1면에 실은 미군 발행 군사 전문 일간지
'스타앤스트라이프'

대한 우려를 일축해버리고 공군 장성이 조종하는 수송기에 20여 대의 호위기 경호를 받으며 얄타에 도착했다. 회담의 주인공들 상황이 이렇다 보니 회의진행이 제대로 될 리 없었다. 병증으로 루스벨트는 시종일관 무기력했고, 처칠은 저하고 싶은 말만 했다. 그러다 보니 공식적인 만찬도 세 번에 그쳤다.

얄타회담 공식 회의석상

남북 분할 신탁통치 계기 마련

회담에 참가하는 미국의 가장 큰 목표는 일제와 상호불가침조약을 맺고 있던 소련에게 태평양전쟁에의 참전을 약속받는 것이었다. 일제의 패색이 짙은 전쟁이었지만 일제 본토를 공략하면 미국에게도 큰 피해가 예상되는 시점이었다. 원자폭탄도 미완성 상태였다. 미국으로서는 소련을 미국 편에서 참전하게 함으로써 100만 명에 달하는 일제의 관동군을 만주에 묶어둘 필요가 있었다.

2월 8일 루스벨트와 스탈린 사이에 회담이 열렸다. 루스벨트는 독일 항복 이후 90일 안에 소련이 일제 관동군 공격에 나서달라고 요청했다. 그러자 소련이 전쟁 참여를 조건으로 대가를 요구했다. 1905년 러일전쟁에서 패하면서 일제에 빼앗겼던 남사할린 등을 돌려달라는 것이었다. 또 사할린과 만주 등 동북아에서 이권을 보장해달라고 했다. 그러나 루스벨트에게는 줄다리기를 할 체력도 정신도 없었다. 당장의 목표를 이루는 데만 급급했다. 심지어 한반도 통치방식에 별 관심을 보이지 않았던 스탈린에게 이런 제안까지 했다. 어눌한 말투로 피식민지의 자활능력 부족을 거론하며 한반도 신탁통치를 제안한 것이다. 스탈린으로서는 마다할 이유가 없었다. 결국 루스벨트가 내뱉은 신탁통치 발언은 한반도 허리를 자르는 작두가 됐다. 하지만 그는 향후 70년을 잇는 한반도 분단과 동아시아 긴장의 씨앗이 될 것이라고는 생각지도 못한 채 소련의 요구를 모두 수용한 성명서에 서명했다.

《1945》를 쓴 마이클 돕스는 1945년 2월부터 히로시마에 원자폭탄이 떨어진 6월까지를 전하면서 얄타회담에 대해 이렇게 말했다.

"운명은 장애인이 된 대통령과 곰보투성이 혁명가를 영국 귀족과 함께 흑해연안에 불러 새로운 세계의 기초를 쌓게 했다."

루스벨트는 회담 후 2개월 만에 뇌출혈로 사망했다. 스탈린은 독살이다 암살이다 의견이 분분하지만 공식적으로는 회담 7년 후 뇌졸중으로 사망했다. 처칠은 그보다는 오래 살았지만 회담 직후부터

루스벨트 대통령의 사망소식. '뉴욕타임스'

인지장애가 악화되어 결국 총리직에서 물러났다. 결국 세 사람 모두 뇌질환으로 사망한 것이다. 2004년 영국 왕립의사협회 연례총회에 참석한 정신과 전문의들은 '회담 전 각국 정상들이 건강검진을 받았다면 역사는 바뀌었을까'라는 질문에 "그렇다"라고 답했다. 조직은 자리에 앉은 이들의 역량이 자리가 요구하는 역량에 미치지 못할 때 비극을 맞는다. 우리의 한반도가 아직까지도 지구 유일의 분단국인 이유다.

무고 때문에 스러진
고려 개혁

미투^Me Too는 공권력인 경찰, 검찰 등의 조력을 받기 어려운 상황에서 SNS^소셜미디어의 힘을 빌려서 여론을 움직이고 그 힘을 결집시켜 사회적으로 고발하고자 하는 개인의 성범죄 관련 사회운동이다. 2017년 미국 영화 제작자 하비 와인스틴에 대한 성추문을 폭로하고 고발하기 위해 SNS에 해시태그 '#Me Too'를 달면서 대중화되었다. 우리도 이런 분위기 속에서 미투를 통해 정치 · 경제 · 문화계 인사들이 줄줄이 소환되었고, 소환된 이들은 얼마 안 가 대중의 시야에서 사라졌다. 그런데 2020년부터 미투 중 일부가 분위기에 편승한 무고였음이 재판을 통해 연이어 밝혀지고 있다. 가해자로 지목된 이는 여론재판으로 이미 사회적 매장을 당한 이후지만 말이다.

무고誣告. 누군가에게 위해를 가할 목적으로 사실을 날조하여 관공서나 여론에 거짓으로 고발 및 폭로하는 것을 말한다. 현행법상으로 무고에 대한 처벌은 10년 이하의 징역 또는 1,500만 원 이하의 벌금이다. 그러나 가해자로 지목되었던 사람은, 특히 그가 유명인인 경우에는 무고로 드러나더라도 명예나 이전의 지위를 되찾는 게 결코 쉽지가 않다. 최초 폭로 때만큼 무고판결을 언론이 다루지 않기 때문이기도 하고, 무고판결이 나도 대중이 그 결과를 믿으려 하지 않기 때문이기도 하다. 그 고소·고발의 진위 여부를 따지기도 전에 재판결과와 상관없이 이미 죄인으로 낙인찍는 데 동조했기 때문이다. 무고라는 것을 인정하면 여론재판에 가담했던 자신의 행동도 비난의 대상이 되기 때문에 반성 대신 외면을 하는 것이다.

투서 "조비가 질투로 원의 공주를 저주한다"

미투 관련뿐만 아니라 모든 무고는 그 목적이 돈이든 유명세이든 아니면 개인적 질투이든 단순 해코지이든 누군가의 인생을 망가뜨리고, 원래 취지와 달리 보호하고 발전시켜 나가야 하는 인권문제를 오히려 망가뜨린다. 그리고 국제문제를 야기하는 경우도 있다.

고려시대 말엽 원나라의 침공으로 무신정권이 무너지고 원나라 사위의 나라로 전락해 사사건건 원으로부터 정치적 간섭을 받았을 때 딱 그랬다.

충선왕은 왕이 되기 몇 달 전 원나라 성종의 조카인 보탑실련, 바로 계국대장공주를 비로 맞았다. 1년 전에 맞았던 조비에 이은 두 번째 비였다. 그런데 왕이 된 지 몇 달이 채 안 되었을 때였다. 계국대장공주가 '조비가 자신을 저주했다'는 내용의 편지를 원나라에 보냈다. 이에 원은 사신을 보내와 황제의 명으로 조비를 가두고 조비의 아버지 조인규를 구문했다. 일명 '조비저주사건'이다. 그 결과 연루자 100여 명이 투옥되었고, 수괴로 지목된 조인규는 원나라로 끌려갔다. 그런데 사건은 여기에서 그치지 않았다. 얼마 뒤 궁궐문에 '조인규의 처가 딸 조비를 위해 계국대장공주를 저주했다'는 내용의 투서가 붙은 것이다. 이번에는 조비의 어머니가 끌려가 고문을 받았고, 모진 고문을 견디지 못하고 자신의 죄를 인정하고 말았다. 그러자 원은 다시 사신을 보내와 조비마저 원으로 끌고 가버렸다. 이름을 밝히지 않은 누군가의 투서가 한 나라의 왕비를 국제적 죄인으로 만들어버린 것이다.

고려복식의 고려왕, 원복식의 원공주(그림은 충선왕의 손자 공민왕과 왕비 노국대장공주)

짓밟힌 개혁의 꿈

그런데 실상 저주는 없었다. 한 나라의 왕비와 그 일가가 다른 나라로 압송된 이 사건이 무고로 시작된 것이다. 표면적이고 즉자적인 이유는 질투였다. 충선왕의 총애가 조비에게 있는 데 질투한 계국대장공주가 원 황실에 거짓을 고한 것이었다. 사실 고려인 왕비와 원나라인 왕비 사이의 총애싸움과 무고는 조비의 사건이 처음은 아니었다. 충선왕의 아버지 충렬왕 때도 원나라인 제국대장공주가 고려인 무비를 무고했다. 결국 무비는 죽음을 맞았고, 이에 환멸을 느낀 충렬왕은 왕위를 아들에게 넘겨 버렸다.

그러나 '조비무고사건'은 한 명의 남편을 사이에 둔 부인들의 질투로만 볼 수 없다. 바로 왕비들의 국적이 다르다는 데 그 이유가 있다. 원나라에게는 자국의 공주를 고려 왕의 왕비로 앉힘으로써 고려 내에 있는 원의 지지세력을 포섭하고 고려에 대한 내정간섭을 공고히 하기 위한 정치적 노림수가 있었다. 고려의 지위를 '사위의 나라'로 격하시키고 원을 '장인의 나라'로 격상시키겠다는 목적도 있었다.

그런 원에게 충선왕은 조금은 골치 아픈 존재였다. 충선왕은 원 세조 쿠빌라이의 외손자였다. 그의 어머니가 쿠빌라이의 막내딸 제국대장공주이기 때문이다. 셋째 아들이었던 그가 왕이 될 수 있었던 것도 모계의 힘 덕분이었다. 원 황실에 아부하여 부와 권력을 취득한 고려 세도가들도 충선왕의 혈통에 기대하고 그가 원에 충성하는 고려로 이끌어가길 원했다. 그런데 충선왕은 즉위하자마자 관제를 혁신하고, 세도가의 토지를 몰수해 백성들에게 나누어주었으며, 능력 위주로 신진사대부들을 등용시킴으로써 신분질서를 어지럽히며 부를 누리던 세도가들을 견제했다. 또 군제를 정비함으로써 원에 대해 자주적인 태도를 취했다. 세도가들이나 원 황실로서는 믿는 도끼에 발등 찍힌 꼴이었다.

그런 때에 고려에서 계국대장공주의 편지가 날아들었다. 고려인 왕비가 원나라 공주를 저주한다? 원에게는 호재였다. 겉으로는 저주의 실상을 파헤친다는 것이었지만 그들에게 저주가 사실인지 아닌지는 중요한 게 아니었다. 그들은 첫 번째 타깃을 조비의 아버지 조인규로 삼았다. 조인규가 충선왕의 개혁을 이끌고 있는 신진사대부의 수장이자 선봉장이었기 때문이었다. 원은 사자를 보내 전광석화로 조인규를 잡아들여 국문했고, 종국에는 제거해버렸다. 더 나아가 충선왕마저 퇴위시켜 버렸다. 물론 이런 기회를 만들어준 계국대장공주의 소망도 들어주었다. 조비를 원나라로 끌고 가버림으로써 충선왕에게서 완전히 떼어냈으니까. 결국 질투에서 시작된 무고는 원의 정치적 노림수에 의해 누명을 벗지 못한 채 충선왕의 개혁에 대한 의지를 무너뜨리는 도화선이 되고 말았다.

이후 충선왕도 원나라로 소환되어 몽골로 유배까지 갔다. 나중에 복위되기는 하지만 얼마 후 바로 아들^{충숙왕}에게 대리청정을 시킨 후

몽골로 충선왕에게 찾아간 이제현이 헤어질 때를 회고하며 그린 〈기마도강도(騎馬渡江圖)〉

원으로 가버렸고, 끝내 귀국하지 않고 생을 마쳤다. 이렇다 보니 고려에 대한 원의 간섭은 더욱 강화되었고, 고려는 세도가들의 전횡으로 골병이 들어갔다. 무고가 한 사람의 인생뿐만 아니라 한 나라의 운명을 나락으로 떨어뜨린 것이다. 애초에 계국대장공주의 욕망은 남편의 사랑이었지 결코 퇴위당해 몽고에 유배되는 것은 아니었을지도 모른다. 하지만 비뚤어진 욕망에는 피아 구분을 하지 않고 화살을 날리는 더 비틀린 욕망이 따라붙는다. 무고가 단순히 애초의 목적대로만 끝나지 않는 이유가 아닐까?

아프리카를
나누고 학살하다

2018년 여름 이낙연 전 총리는 국무총리 자격으로 아프리카-중동 3개국을 순방했다. 시장진출이라는 경제외교를 위한 6박 8일간의 일정이었다. 2017년 5월 대선 이후 새 정부가 아랍에미리트 UAE 등 중동, 인도 등 서남아시아, 미국, 유럽 등을 방문한 적은 있어도 아프리카 땅을 밟는 것은 처음이었다. 정부가 아프리카에 관심을 두는 이유는 두 가지였다. 먼저 2011년 이후 매년 4~5%대의 경제성장률을 기록했으며 2022년까지 10%대의 성장률 달성을 목표로 하는 등 경제가 빠르게 성장하고 있는 케냐에 우리 기업들의 진출을 지원사격하는 세일즈외교를 하기 위해서였다. 그리고 또 하나는 다른 지역에 비해 북한과 우호적인 관계를 이어오는 국가들이 많기 때문이었다. 실제 2017년 김정은 북한 국무위원장이 노동당 위원장으로 추대되었을 때 콩고, 알제리, 앙골라 등 아프리카 여러 국가들이 북한과 축전을 주고받았다. 유엔의 대북제재가 무색한 관계다. 따라서 정부의 아프리카 방문은 비핵화 속도를 높일 수 있도록 아프리카 국가들이 북한을 적극적으로 설득해달라고 요청하기 위한 것이기도 했다.

과열경쟁을 막기 위한 아프리카 분할

아프리카에는 한반도에 없는 것이 풍부하다. 천연자원이다. 신의 선물이라는 말이 있을 정도다. 그러나 신의 선물은 그것 위에 살고 있던 사람들에게 행복을 주지 못했다. 오히려 비극의 씨앗이었다. 대항해의 시대와 제국주의를 거치면서 수탈의 목적이자 대상이었기 때문이다. 아프리카 중부 콩고민주공화국^{민주콩고}도 매장량을 화폐 가치로 환산했을 때 24조 달러에 이를 정도로 천연자원의 보고다. 하지만 이 땅에 사는 사람들은 오늘도 고통에 신음하고 있다. 독재와 내전, 그리고 그 이전 풍부한 자원으로 야기한 식민의 잔재 때문이다.

제2차 콩고전쟁(1998~2003)

모부투 세세 세코의 32년 독재정권과 로랑데지레 카빌라 반군세력의 정권쟁탈전이었던 제1차 콩고전쟁(1996~1997)에 이은 두 번째 내전이다. 1997년 5월 카빌라의 반군세력은 승리와 함께 국호를 콩고민주공화국으로 바꿨고, 카빌라가 대통령에 취임했다. 그러자 1998년 반대세력이 카빌라정권의 축출을 꾀하면서 발발했다. 이후 짐바브웨·앙골라·나미비아·수단·잠비아가 정부군 편에, 르완다·우간다·부룬디가 반군 편에 서며 지역분쟁화되었고, 여기에 금과 다이아몬드 등 자원을 둘러싼 외세의 이해관계가 얽히면서 내전은 5년이나 이어졌다. '아프리카판 제1차 세계대전'으로도 불린다. 2003년 유엔의 중재로 중지되었다.

민주콩고에는 130년 이상 유혈사태가 지속되고 있다. 오래된 독재정권은 서구에 빌붙어 제 살 불리기에만 바빴다. 이들 독재자에게 항거하다 집단학살, 집단강간, 고문, 질병 등으로 400만 명 이상이 사망하고 2,500만 명의 난민이 발생하는 등 제2차 세계대전 후 가장 많은 인명피해를 낸 내전 제2차 콩고전쟁을 겪기도 했다.

공식적으로 내전은 종식되었지만, 카빌라정권이 군사적 열세를 극복하기 위해 모집한 용병들이 이제는 반군세력으로 남아 콩고를 위협하고 있다. 유엔평화유지군까지 투입되었지만 총성은 도무지 멎을 조짐이 없다. 최근 10년간만도 약 600만 명이 희생되었다. 특히 동부에서 활동하는 악명 높은 이슬람주의 민병대 민주군사동맹ADF에 의해 최근 2년 동안 800여 명이 살해되었다. 고문과 신체절단,

성폭행 등 극악한 범죄도 기승을 부린다. 땅은 황폐해졌고, 그나마도 때마다 덮치는 메뚜기 떼에 빼앗긴다. 총알과 범죄를 피했더니 이제는 굶어 죽었다. 오늘도 이어지는 민주콩고의 참상이 더 비극적인 이유는 애초에 스스로가 만들어낸 것이 아니라는 점이다. 그 시작은 1884년 베를린회의였다.

신흥 맹주로 떠오른 독일의 재상 오토 폰 비스마르크가 '평화적이고 명예로운 중재'를 자처하며 베를린에 각국 대표를 불러 모았다. 1884년 11월 15일 오스트리아-헝가리 제국, 프랑스, 독일, 영국, 이탈리아, 러시아, 미국, 스페인, 포르투갈, 스웨덴-노르웨이, 덴마크, 벨기에, 네덜란드, 터키 등 열강 14개국이 베를린으로 날아왔다. 제국주의 팽창기에 서로서로가 눈엣가시였던 각국이 미소를 가장하고 머리를 맞댄 진짜 이유는 제3세계 곳곳에서 발생하는 충돌을 조정하기 위해서였다. 그중에서도 가장 첨예했던 곳이 콩고 분지였다.

황금의 땅이라고 일컬어지던 콩고유역은 이미 벨기에와 프랑스가 차지하고 있었다. 여기에 세계 최강 영국이 후발주자로 끼어들자 위협을 느낀 벨기에와 프랑스는 포르투갈로 하여금 국제회의를 열도록 종용했다. 콩고강 지역에 대한 특별한 권리를 갖고 싶었던 포르투갈의 욕망을 자극하면서였다.

베를린회의에 대한 프랑스 만평

결국 그들은 아프리카 쟁탈과정에서 열강들 사이에 발생할 수 있는 전쟁을 피한다는 명목 아래 땅의 주인인 원주민의 의사와 상관없이 저희들끼리 아프리카 쟁탈을 합법화하고 케이크 자르듯 공식적으로 나눠 갖는 데 비준했다. 이에 대해 유럽의 언론들은 해당 기사에 다음과 같은 제목을 붙였다.

"인간정신의 승리!"

피 흘려 싸우지 않고 고상하고 이성적인 대화를 통해 아프리카 주요지역에 경계선을 긋고 평화롭게 나눠 가졌으니 휴머니즘의 극치라는 의미였다.

특히 베를린회의의 최종 문서는 벨기에 영토의 80배가 넘는 민주콩고의 땅 덩어리를 벨기에 국왕 개인이 갖는다고 규정하고 있다. 국가도 아니고 레오폴드 2세의 개인소유가 된 것이다. 그 결과 1908년 공식적으로 벨기에의 식민지가 될 때까지 민주콩고는 레오폴드 2세의 개인자산이었다.

애초에 벨기에가 그 땅을 선점한 것 자체가 사기였다. 1881년 미국의 기자 겸 탐험가 헨리 스탠리를 앞세워 추장들을 선물로 매수한 후 문서에 서명하게 한 것이다. "땅 소유권과 통치권을 영원히 넘긴다"라고 쓰여 있었지만 추장들은 그 의미도, 글자도 알지 못했다. 그런 의미에서 보면 베를린회의는 레오폴드 2세가 사기로 빼앗은 땅의 권리를 국제적으로 공식화해준 것이었다. 그 대가로 독일은 나미비아가 독립할 때까지 남서부 아프리카를 공식적으로 점령하고는 독일의 일부라는 의미로 남서부독일1884~1915로 불렀다.

콩고학살의 원흉인 벨기에 국왕 레오폴드 2세

잔혹한 식민지정책

식민^{植民}, 말 그대로 민^民을 심는다^植는 것이다. 이때의 민은 그 땅의 원래 주인이 아니다. 자칭 본국^{本國}으로 일컬어지는 땅의 민을 말한다. 즉, 식민은 본국의 국민을 새로운 땅에 심는 것이다. 왜? 본국과 본국 국민의 경제적 이익을 위해서다. 여기에 원래 땅 주인의 이익 따위는 없다. 그래서 '일본의 강점으로 우리가 근대 경제발전을 이뤘다'는 뉴라이트 계열 학자들의 주장이 헛소리인 것이다. 경제발전이 있기는 있었다. 그러나 그것은 우리가 아닌 일본의 것이었다. 우리 땅에 건설된 철도도 우리의 이익을 위해서가 아니라 일제의 경제적·군사적 이익을 위한 것이었다. 거기에 원주민에 대한 배려나 애정이 있을 리 없었다. 원주민은 그저 착취의 대상일 뿐, 문서 없는 노비나 노예와 다르지 않았다.

이런 일제의 가혹한 식민정책은 애초에 유럽에게서 배운 것이었다. 그러니까 선후를 따지자면 유럽이 원조라 하겠다. 그중에서도 벨기에는 잔혹함에 있어 가히 끝판왕이라 할 만하다. 강제노동은 기본이었고, 구타나 채찍질은 일상이었다. 아무나 잡아다가 반항하지 못하도록 폭력을 가한 뒤 노예로 삼았다. 특히 벨기에의 잔혹성은 고무채취 과정에서 주로 드러났는데, 그 중심에 있는 인물이 바로 콩고유역을 차지한 국왕 레오폴드 2세였다.

그는 자신 소유의 그 땅을 개발한다는 명목으로 벨기에정부로부터 돈을 빌렸다. 갖은 수탈로 얻은 이익은 모조리 레오폴드 2세의 주머니로 들어갔다. 첫 번째 수탈대상은 상아였다. 그러나 상아로 얻는 수익이 기대에 못 미치자 그는 고무로 눈을 돌렸다. 마침 유럽에서는 수요가 폭증하면서 고무가격이 천정부지로 치솟고 있었다. 고무타이어를 사용한 자전거 발명에 이어 자동차산업까지 폭발적으로 성장한 때문이었다. 그런데 콩고는 국토의 절반이 고무나무 숲이었다. 황금알을 낳는 거위, 아니 황금알을 품고 있는 거위였던 것이다.

레오폴드 2세는 원주민을 모조리 고무생산에 투입했다. 하지만 모든 원주민을 투입해도 고무수요를 맞출 수 없었다. 그러자 개인 용병을 동원해 기혼여성을 감금했다. 남편에게는 고무를 채취해 가져오면 풀어주겠다는 조건을 내걸었다. 만약 남편이 거부하면 그 자리에서 부인을 강간하거나 사살했다. 그게 다가 아니었다. 할당량을 못 채우면 손목을 절단했고, 할당량이 2~3차례 미달하면 목을 잘랐다. 연좌제도 동원했다. 죽은 사람의 몫을 마을 전체가 떠맡게 했고, 그러고도 미달하면 마을마저 몰살시켰다.

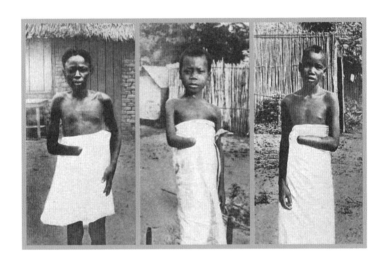

심리전도 이용했다. 백인들이 흑인 팔로 통조림을 만든다는 소문을 퍼뜨린 것이다. 공포에 떨게 함으로써 저항의지를 꺾으려는 속셈에서였다. 끝나지 않을 것 같았던, 공공연한 비밀이었던 잔혹행위는 손이 잘린 어린아이의 사진이 언론에 공개되고서야 반전을 맞았다. 유럽 국가들의 압박이 가해졌고, 결국 1908년 통치권이 레오폴드 2세 개인에게서 벨기에정부로 이양되었다. 25년 동안 이미

1,000만 명이 목숨을 잃은 뒤였다. 그렇다고 해서 콩고의 비극이 끝난 것도 아니었다. 벨기에정부 역시 전형적인 제국주의 정부였기 때문이다. 여전히 원주민들을 강제노동에 동원해 고무를 채취했다. 원주민들을 감시하고 폭행했던 관리들 역시 그대로였다. 바뀐 게 있다면 관리들의 소속이 레오폴드 2세에서 벨기에정부가 되었다는 것뿐이었다. 손만 안 잘랐을 뿐 채찍으로 살이 찢기는 것 역시 똑같았다. 여기에 콩고 내 부족들이 한데 뭉쳐 저항하는 걸 막기 위해 납득할 수 없는 기준으로 부족들을 분류하고 그 기준에 따라 차등대우하면서 차후 1959년에서 1996년까지 무려 38년 동안 벌어진 르완다·부룬디내전의 씨까지 뿌렸다.

2020년 우리나라를 처음 방문한 외국인들의 한국여행기를 보여주는 한 텔레비전 프로그램이 도마에 오른 일이 있다. '르완다'편에 이어 곧바로 '벨기에'편을 방송했기 때문이다. 르완다는 콩고와 마찬가지로 벨기에의 신탁통치를 받은 곳이다. 1962년 독립했지만 통치기간 동안 벨기에의 이간정책으로 양산된 부족 간 갈등 때문에 40년 가까운 내전을 겪어야 했고, 그로 인해 100만 명이 목숨을 잃었다. 방송에 출연했던 르완다 친구들은 전쟁기념관에서 이런 말을 했다.

"학살 중에 아버지를 잃었어."
"나도 가족을 많이 잃었어. 아버지, 할머니, 할아버지, 그리고 이모들, 삼촌들까지…."
"30명 정도여야 할 가족이 대학살 때문에 지금은 5명뿐이야."

제작진도 자막으로 '누구보다도 밝았던 친구들이 조용히 삼키고 있던 아픈 과거, 100만 이상의 희생자, 친구들도 피할 수 없었던 비극'이라며 슬픔에 공감했다. 그래서 다음 편 국가가 그 비극을 잉태시킨 벨기에라는 데 시청자들은 분노했다.

지금도 벨기에는 파리와 브뤼셀을 잇는 철도를 신설했다는 이유로, 아프리카 밀림에 철도를 깔았다는 이유로 레오폴드 2세를 높이 평가하는 이들이 있다. 루이 미셸 전 벨기에 외무장관역임 1999~2004은 근대화의 영웅이라고도 했다. 파리와 브뤼셀 간 철도는 쉰 살이나 어린 자신의 정부가 친정이 있는 파리를 쉽게 오가게 하기 위한 것이었고, 콩고와 르완다의 철도는 수탈한 고무를 쉽게 수출하기 위한 것이었을 뿐인데 말이다.

벨기에는 여전히 배상도 사과도 않고 있다. 유태인학살에는 거듭 고개를 숙이는 독일도 아프리카에 대해서만큼은 나 몰라라 한다. 일본의 극우 역시 한반도가 식민통치 덕에 경제성장을 이뤘다고 주장한다. 그리고 자신들이 수탈한 재화와 짓밟은 사람들에 대해서는 조작이라고 핏대를 높인다. 지금도 우리를 동등한 이웃국가로서 생각할 마음도 없는 듯하다. 후쿠시마 원전수를 방류한다면서 "한국 따위와 의논할 일 없다"고 하는 걸 보면 말이다. 참 제국주의 망령 따위 같은 소리다. 그런데 아나 모르겠네. 우리나라 GDP(구매력 기준)가 일본보다 더 높다는 걸…. 자원도 없는 우리가 성장했듯 아프리카도 보란 듯 성장하기를 응원해본다.

제가 버리고
부역자로 처단하다

"유엔에서 우리를 도와 싸우기로 했으니 국민들은 안심하라. 또한 대통령 이하 전원이 평상시와 같이 중앙청에서 집무하고, 국회도 수도 서울을 사수하기로 결정했으며, 일선에서 충용무쌍한 우리 국군이 한결같이 싸워서 오늘 아침 의정부를 탈환하고 물러가는 적을 추격 중이니 국민은 군과 정부를 신뢰하고 조금의 동요도 없이 직장을 사수하라."

1950년 6월 27일 저녁 서울중앙방송을 통해 흘러나온 당시 대통령 이승만의 말이다. 이 말만 듣자면 이승만이 서울에서 진두지휘를 하고 있는 듯하다. 그러나 이미 널리 알려진 바와 같이 방송이 나간 그 시각 이승만이 있던 곳은 서울이 아니라 대전이었다. 그것도 27일 새벽 2시에 서울을 떠나 대구까지 내려갔다가 아무리 생각해도 너무했다 싶었는지 점심을 먹고 느긋하게 대전으로 되돌아온 후 저녁식사까지 한 다음이었다. 그러나 이승만은 시치미를 떼고 마치 서울에 있는 것처럼 거짓 대국민방송을 녹음했다. 그리고 다음 날인 6월 28일 새벽 2시 30분 정부와 유엔, 그리고 국군을 믿고 제자리를 지켜달라던 대국민방송이 나간 지 여섯 시간도 채 지나기 전에 한강철교를 폭파함으로써 한강 북쪽에 살고 있던 국민

1950년 6월 28일 폭파된 한강철교

들의 피난을 원천적으로 봉쇄해버렸다. 폭파되는 순간 최대 800여 명에 이르는 피난민들이 철교를 건너고 있었지만 폭파명령은 바뀌지 않았다. 결국 그날 그 다리에서는 차량 50대 이상이 바다로 추락했고, 최소 500명 이상이 폭사당했다.

왕성한 적개심으로 색출하라

인민군 치하에 국민을 내동댕이친 이승만은 남쪽에서 여름을 보냈다. 그가 서울로 돌아온 건 전쟁 발발 3개월 후인 9월 28일 서울수복 이후였다. 그리고 그는 돌아오자마자 또다시 성명을 발표했다.

"부역자를 색출하라."

그날 서울시민은 둘로 나뉘었다. 천운으로 철교가 폭파되기 전 한강을 건넜다 돌아온 사람들은 애국자가 되었고, 불행히도 철교가 폭파되어서 서울에 남을 수밖에 없었던, 그래서 총을 앞세운 인민군들의 위협에 부역에 나설 수밖에 없었던 사람들은 이른바 빨갱이가 되었다.

이승만정부는 수복 1주일 후인 10월 4일 군·검·경 합동수사본부^{합수부}를 설치했다. 부역혐의자 심의와 군법회의 및 민간재판에의 회부 여부를 결정하는 기구였다. 하지만 법률적 근거도 없었고, 합수부의 권한이 무엇인지 명확히 규정하지도 않았다. 부역자가 무엇인지에 대해서 정의 내리지도 않았고, 어디까지를 부역으로 볼 것인지도 정하지 않았다. 법적 절차가 무엇인지도, 어떤 처벌을 할 것인지도 없었다. 분명한 것은 합수부 전체가 적개심으로 가득 차 있었다는 것이었다. 그저 '색출하라'만 존재했다.

전쟁 발발 전 서울에는 약 180만 명이 살고 있었다. 전쟁 직후 피난을 갈 수 있었던 사람들은 고작 60만 명뿐이었다. 나머지 120만 명은 국가에게 버림받은 채 총칼 앞에서 3개월을 버텨내야 했다. 땅을 파라면 파야 했고, 식량을 내놓으라면 내놓아야 했다. 그저 살아남기 위해였다. 그러다 9월 서울 중앙청에 미군의 깃발이 내걸렸다. 사람들은 이제야 살 수 있게 되었다고 안도했다. 정작 부역에 적극적으로 가담했던 사람들은 모두 도망간 뒤였다. 인천 상륙에서 서울 수복까지 2주가 걸렸기 때문이었다. 실제로 국군 수복 당시 인민위원회 간부 등 진짜 부역자들은 이미 월북·피신했거나 행방불명된 상태였다. 인민군 점령하 인민위원회 간부들이라고 해야 강제로 선출된 촌락 대표자들이었다. 공산주의 이념에 충실해서 열성적으로 활동한 사람들이 아니었다는 말이다. 그런데도 군·경과 우익청년단, 치안대로 이루어진 합수부는 부역자를 색출해서 즉결심판으로 죽였다. 학살이었다. 실제로 부역을 했든 그러지 않았든 중요하지 않았다. 고발만 있으면 누구나 부역자가 되었다. 평소 돈이 많았다는 이유로, 자신을 멸시했다는 이유로, 심지어 사랑을 받아주지 않았다는 이유로 부역자가 되었다. 그리고 한국전쟁 피난민 1호로 기록된 이승만과 그 정부는 부역자를 종북세력으로 몰고 제거대상으로 규정했다. 종북세력에 대처한다는 미명하에 국민을 갈라치기하고 상대를 증오하도록 선동했다.

1951년 4월 대구형무소 인근에서 벌어진 민간인 학살

친일에는 관대, 부역에는 지엄

정부가 주도한 민간인 학살은 다음 해인 1951년까지 저질러졌다. 지역도 강원도·경기도 등 전방 지역과 후방인 호남·경남을 아울렀고, 대상 또한 어린이와 노인과 여자를 가리지 않았다. 특히 헌병대나 방첩대CIC의 지휘에 의한 학살은 악명이 높았다. 사람들 사이에서 '살인부대'로 불릴 정도였다. 그들에게 죽은 사람의 수는 전투성과였다. 그 결과 고양, 파주 일대에서는 1,000여 명의 주민들이 이유도 모른 채 연행되어 법적 절차도 없이 17미터 수직굴에 산 채로 또는 총을 맞고 암매장되었다. 김포, 남양주, 양평, 여주, 아산, 안동, 울진, 상주 등지에서도 수백여 명씩 학살되었다. 서산과 태안에서는 무려 2,000여 명이 학살되었다. 그렇게 재판도 없이 학살된 사람들이 30만 명에 이르는 것으로 추정된다.

이승만정부의 민간인 학살은 이뿐이 아니다. 정부는 전쟁 전 국가보안법1948에 따라 '극좌사상에 물든 사람들을 사상전향시켜 이들을 보호하고 인도한다'는 대국민 사상통제를 목적으로 1949년 6월 국민보도연맹國民保導聯盟이라는 반공단체를 조직했다. 외견상으로는 민간단체였으나 총재직을 내무부 장관이 맡고, 고문과 지도위원장을 각각 국방장관과 서울지검장이 맡은 사실상 관제단체였다. 그리고 과거 좌익활동을 했던 사람들을 면책을 조건으로 강제로 가입케 했다. 하지만 전국적으로 30만 명에 이르렀던 대부분의 연맹원들은 공무원들 실적 올리는 데 이용된 일반인들이었다.

그런 때에 전쟁이 발발했다. 이승만은 '보도연맹에 가입된 사람들이 조선인민군에 협조할 것'이라고 생각했다. 그래서 지시를 내렸다. "남로당 계열이나 보도연맹 관계자들을 처형하라"고. 그 결과 경기도 이천시에서는 군복을 입고 경찰마크를 붙인 사람들이 국민보도연맹원 100명을 총살했고, 대선교도소에서는 3,000여 명을 처형하는 등 학살은 전국적으로, 무차별적으로 이루어졌다. 그 외에도 충남 홍성에서는 전쟁 발발 직후 11일간 100여 명이 특무대와 경찰에 의해 학살되었고, 경북 경산에서는 대구형무소의 수감자들과 보도연맹원들 3,500여 명유가족 추산이 코발트광산에 몰아 넣어진 채 학살당했다.

광복 전 이승만은 국제연맹에 위임통치 청원서를 냄으로써 되찾기도 전에 나라를 팔아먹었다. 또 미주동포들이 모아준 후원금을 멋대로 사용해버림으로써 대한민국임시정부에서 탄핵되었다. 그럼에도 미국을 등에 업고 대통령이 되었다. 그리고 정적을 제거하기 위해 이념을 이용했다. 장기집권을 꿈꿨던 노회한 정치가에 의해 이념 편 가르기가 시작된 것이다. 그로부터 70년이 훌쩍 넘었다. 그러나 우리 사회는 이념의 자유가 있는 자유주의 국가라고 하면서도 선거철만 되면 여전히 '좌파', '빨갱이' 하는 이념검증에 휘둘린다. 우리 아이들이 왜 죽었는지 알려달라는 것도 좌파선동이라고 손가락질을 받는다. 신기한 건 보수를 자처하는 과거 독재정권, 군부정권의 후예들이 독재와 군부에 항거함으로써 국민들에게 자유와 민주를 돌려준 이들을 빨갱이라고 욕하는 것이다. 진정한 보수는 자국의 이익을 최우선으로 한다는데, 우리나라 보수는 왜 친일하고 국민을 학살한 이들만 편드는지 좀, 많이 궁금하다.

배신 일삼는
삼류 칼잡이

2018년 5월 역사적이었던 남북정상회담에 이어 북미정상회담이 예정된 때 당시 일본의 아베 총리는 급하게 미국을 방문해 정상회담을 가졌다. 북미정상회담 5일 전이었고, 이미 같은 해 4월에 회담이 있었던 걸 생각하면 두어 달 만의 이례적 만남이었다. 공식적으로 내건 회담의 목적은 북미정상회담 전에 북한에 의한 일본인 납치문제를 조율하겠다는 것이었다. 하지만 그 말을 순진하게 믿는 사람은 없었다. 입으로는 북미정상회담을 환영한다면서도 내내 일본은 핵뿐 아니라 ICBM까지 폐기해야 한다거나, 종전협정이나 평화협정 이전에 일본인 납치문제가 해결되어야 한다며 딴죽을 걸었기 때문이다. 결국 일본 총리의 갑작스러웠던 미국행은 한반도 종전·평화협정이 이루어지지 않도록, 즉 한마디로 북미정상회담이 성과를 내지 못하도록 훼방을 놓기 위한 행보였다. 하노이회담이 무위로 끝나 세계가 안타까워했을 때 "환영한다"고 한 것이 그 증거이지 싶다. 그런데 당시 아베 총리가 미국에 간다는 소식이 전해졌을 때 일본의 극우단체들은 이런 성명을 냈다.

"사무라이의 정신으로
반드시 일본의 뜻을 관철하라!"

19세기 사무라이

정상회담에서 사무라이의 정신으로 일본의 몫을 챙기라는 것이었다. 그들이 말하는 사무라이의 정신이란 '뜻을 이루지 못하면 할복하겠다는 마음가짐'이다. 부러지더라도 굽히지 않는 의지를 갖고 사무라이가 주군만을 위했던 것처럼 오로지 일본만을 위해 행동하라는 요구였다.

할복을 준비하는 사무라이

그런데 일본사회에서는 사무라이와 관련해 논란이 있었다. 한 반려동물 용품업체가 반려동물용 사무라이 갑옷을 판매했기 때문이었다. 죽음으로 주군을 지키는 사무라이가 주인에게 충실한 반려동물과 어울린다는 게 업체 설명이었지만, 시민들은 동물학대에 기초한 발상이라며 반발했다. 하나의 대상에 대한 인식이 의지의 표상과 동물학대로 나뉜 것이다. 그래서 의문이 생긴다. 시민들은 의지의 표상이라는 사무라이를 왜 반대하고 나선 것일까?

일본 야쿠자의 원조

사무라이는 한자어로 '모신다'는 '시侍'다. 귀인을 경호하는 사람, 일종의 보디가드였기 때문에 이런 이름이 붙었다. 그러다 헤이안시대794~1185 귀족이 강력한 중앙권력으로 등장하자 그들을 경호했던 사무라이의 위상도 단순 경호인에서 무사武士로 격상되었다. 여기에 10세기 전후로 정치가 부패하면서 불만을 가진 하급귀족들이 반란을 일으키고 도적들이 설치자 이들에 대한 필요성은 더욱 커졌다. 결국 무사들을 사병으로 거느린 고위귀족들이 정치세력화하면서 막부라는 무가정권이 탄생했다. 우리가 익히 알고 있는, 항상 날이 선 칼을 차고 다니며 전장을 누비고 실패했을 때 할복으로 스스로를 단죄하는 사무라이 이미지가 형성된 것은 다이묘영주들이 영토전쟁을 벌였던 센고쿠시대15~16세기에 들어서다.

무장을 한 사무라이(19세기)

애초에는 평민도 사무라이가 될 수 있었다. 하지만 위상이 올라가고 힘을 갖게 되자 다른 이들의 진입을 거부하기 시작했다. 결국 16세기 도요토미 히데요시 집권 이후부터는 신분 이동이 제한되면서 사무라이라는 신분은 귀족처럼 대물림되었다. 그러나 고인 물은 썩는 법이다. 대물림되는 신분은 특권이 된다. 사무라이도 그랬다. 그들은 부녀자를 겁탈해도 평민을 멋대로 죽여도 아무런 처벌을 받지 않았다.

하지만 무소불위의 사무라이도 주군인 다이묘에게는 고양이 앞에 선 쥐와 같았다. 다이묘가 홧김에 죽으라고 하면 죽는 시늉이 아니라 실제로 할복을 해야 했다. 그렇게라도 해서 충성심을 입증해야만 하사받은 농지와 사무라이 특권을 자식들에게 물려줄 수 있었기 때문이다. 하지만 한 명의 주군에게 목을 매지는 않았다. 센고쿠시대부터 에도시대까지 활약한 무사이자 다이묘였던 도도 다

카토라 같은 사람은 "주군을 일곱 번 바꾸지 않으면 무사라고 말할 수 없다"고 했다. 그만큼 사무라이들에게는 주군에 대한 충성보다 무사로서 능력을 펼치는 게 중요했던 것이다. 그래서 주군이 준 감사장을 다른 주군을 찾을 때 스펙으로 써먹기도 했고, 심지어 배신을 하는 경우도 있었다.

사무라이 정신의 실체

하나의 주군만 섬기며 진짜로 충성을 바친 사무라이도 있기는 했다. 도쿠가와 이에야스를 끝까지 따른 토리이 모토타다 같은 이들이 그들이다. 시대로 말하자면 임진왜란 이후다. 임진왜란 당시 많은 조선인 선비들이 일본으로 끌려갔고, 막부는 그들로 하여금 성리학을 설파하게 했다. 상황에 따라 주군을 바꾸던 사무라이들을 묶어두기 위한 수단으로서 성리학을 이용한 것이다. 막부는 군주에 대한 변함없는 충성을 원했고, 그런 면에서 성리학은 맞춤 격의 철학이었다. 반면 이 시대의 사무라이는 전투에서 지거나 주군에게 밉보여 영지를 빼앗기면 하루아침에 평민에 낭인浪人, 즉 떠돌이 사무라이로 전락했다. 주군을 잃어도 낭인이 되었다. 주군에 대한 의리 때문이 아니라 당시 일자리가 적었기 때문이었다. 전국을 통일한 도요토미 히데요시가 불안요소를 없애기 위해 도시 지역에서 낭인들을 쫓아낸 데다가 전국통일로 전투가 감소하면서 신규채용의 길이 막혔기 때문이었다. 그럼에도 그들은 좀체 칼을 내려놓지 않았다. 농업이나 상업 등 다른 일자리를 찾는 대신 구걸로 연명하거나 전쟁용병, 살인청부 등으로 생계를 이어갔다. 낭인들은 전쟁터 등을 기웃거리다가 새로운 주군을 만나 공을 세우면 옛 지위를 되찾을 수 있다고 믿었다. 그러는 동안 그들은 오직 힘 있고 도움을 주는 사람에게만 충성을 보였고, 강한 적 앞에서는 목숨 걸고 끝까지 싸우기보다는 일찌감치 투항하는 사례기 더 많았다. 하나 덧붙이자면 대한제국의 왕비 명성황후를 시해한 이들도 낭인이라 불린 청부업자들이었다.

과거 군국주의제국 시절 일본은 전쟁에 나가는 병사들에게 사무라이 정신을 강조했다. 이때의 사무라이 정신은 국가와 민족을 위해 기꺼이 목숨을 바친다는 것이었다. 그리고 자살공격, 이른바 가미카제를 종용했다. 하지만 전쟁이 끝난 후 어린 소년들을 죽음으로 내몰았던 이들은 그들이 말한 사무라이 정신과는 다른 행보를 보였다. 가미카제를 기획하고 실행했던 총리 도조 히데키는 전쟁책

임을 일왕 등에게 떠넘겼고, 동부 헌병사령관 오타니 게이지로는 가짜 유서를 써서 자살로 위장한 다음 가족과 도주했다가 체포됐으며, 생체실험을 주도한 731부대 사령관 이시이 시로는 전범처벌을 피하기 위해 실험자료를 미국에 몽땅 넘겨주는 뒷거래를 했다. 또한 최근에는 '사무라이의 할복은 스스로의 선택이 아니라 패배한 무사에 대한 잔혹한 형벌이었다'는 역사학자들의 주장에 힘이 실리고 있다. 적군에게 효수당하는 창피를 피하거나 목이 내걸어져서 아군들의 사기가 저하되는 것을 막기 위한 전술이었다는 것이다.

제 욕심을 채우고자 하는 것은 인지상정이라 이해 못할 것도 아니다. 하지만 모처럼 찾아온 동북아평화에 배신자에 삼류 칼잡이 사무라이를 운운

인간폭탄 가미카제 특공대원들은 날아오르는 법만 배운 어린 15∼17세 청소년들이었다.

하는 건 좀 우습지 싶다. 미국을 구워삶지 못하면 할복시키겠다는 걸까, 배신을 하라는 걸까?

인류 최고 부자의 전설

2019년 6월 사우디아라비아의 함마드 빈 살만 왕세자가 우리나라를 공식방문했다. 대통령을 비롯해 5대 그룹 총수들과 면담했고, 자동차 협력과 수소경제 협력 등 2건의 정부 간 10조 원대 양해각서 MOU 체결 외에도 우리에게 안정적으로 석유를 제공하겠다는 약속도 했다. 그런데 언론들은 이런 외교적 성과보다 그가 세계 최대 석유회사 아람코의 수장이라는 것, 2018년 영업이익이 285조 원에 순이익 126조 원이었다는 것, 5,430억 원짜리 다빈치 작품과 루이 14세의 저택을 소유하고 있다는 것 등 얼마나 부자인지에 더 많은 지면을 할애했다. 우리나라 최대 기업인 삼성의 총수였던 이건희 전 회장의 타계 소식이 전해졌을 때 유산과 상속세에만 쏠렸던 관심과 비슷하다.

확실히 석유재벌답게 빈 살만 왕세자의 재력은 눈이 휘둥그레질 정도다. 여타의 외국정상들과는 비교도 안 될 정도로 많은 수행원들만 봐도 그렇다. 1박 2일 일정에 수행원만 300여 명을 이끌고 왔으니 말이다. 사우디아라비아의 국영 석유회사 '아람코'의 실세답다 싶다. 하지만 그의 수행원쯤 가볍게 비웃을 만한 사람이 있다. 2019년 '포브스'가 발표한 억만장자 리스트 1위에 빛나는 아마존 설립자 제프 베조스도, 미국 사업가 앤드류 카네기나 존 록펠러도, 심지어 70년 동안 리비아를 통치했던 독재자 카다피도 명함도 내밀 수 없을 정도의 재력가였다고 한다. BBC는 그의 재산을 '측정불가'도 아닌 '표현불가'라고 했으니 말 다했다. 1312년부터 1332년까지 말리왕국을 통치하며 말리의 황금시대를 일궜던 무사 1세재위 1312~1337, 바로 칸쿠 무사다.

황금 동전을 쥐고 있는 칸쿠 무사(카탈루냐 지도 일부, 1375)

'표현불가'의 황금

만딩카어로 황제라는 만사를 붙여 만사 무사로도 불리는 칸쿠 무사는 원래 왕위 계승서열 1위가 아니었다. 그런 그가 왕위에 오른 것은 왕위 계승서열 1위였던 그의 형이 대서양 원정을 떠났다가 끝내 돌아오지 못한 때문이었다. 아무튼 비록 어부지리 격이었을지언정 그는 유능한 지도자였다. 팀북트를 포함하여 24개 도시를 병합해 영토를 대서양 해안에서 오늘날의 니제르, 세네갈, 모리타니, 부르키나파소의 일부까지로 넓혔다. 이런 영토확장은 막강한 군사력 덕분이었고, 그 군사력은 탄탄한 경제력에서 나왔다. 돈을 바탕으로 한 힘으로 세력과 영토를 넓혀 나간 것이다. 그리고 그 탄탄한 경제력이 가능했던 이유는, 칸쿠 무사가 '표현불가'의 갑부가 될

800 ~ 1550년의 말리왕국

수 있었던 이유는 그가 소유한 땅에 소금과 황금이 풍부했기 때문이었다. 각지의 상인들이 대륙을 넘어와 그의 왕국 안에서 황금과 소금을 대규모로 거래했고, 무역이 성행할수록 그의 재산도 기하급수적으로 불어났다. 특히 그가 소유한 황금은 당시 전 세계에서 유통되던 황금의 절반에 가까웠다고 한다. 그러다 보니 재정난을 겪던 카타르에 얼마간의 황금을 제공해주었는데 그로 인해 카타르 경제가 붕괴되는 일까지 있었다고 한다. 칸쿠 무사로서는 약간의 호의를 베푼 것이었지만, 그 양이 카타르 경제규모가 감당할 수 없는 수준이었던 탓에 인플레이션이 일어난 것이었다. 선의와 호의가 되레 독이 되었달까?

황금향의 전설에서 시작된 아프리카의 비극

지금도 그렇지만 중세 그 시절 말리왕국이나 칸쿠 무사를 아는 이는 많지 않았다. 애초에 말리왕국의 지리적 위치가 아프리카 중부, 그리고도 동쪽에 치우친 때문이다. 기독교가 모든 것을 지배하던 중세의 유럽에게 그곳은 황금과 소금을 얻을 수 있는 미개한 지역일 뿐이었다. 그런데 눈이 번쩍 뜨이는 일이 일어났다.

독실한 무슬림이었던 칸쿠 무사가 순례단을 이끌고 메카로 성지 순례를 떠났다. 잘 알지도 못하는 왕국의 지도자가 성지순례를 간다고 누가 관심을 가질까 싶겠지만, 실상은 그렇지 않았다. 성지순례단이 신하, 군사, 재담꾼, 상인, 낙타를 끄는 사람, 하인을 포함해 6만여 명이나 되었던 것이다. 여기에 순례단의 식량으로 사용될 염소 떼와 양 떼 등까지 움직이다 보니 거의 웬만한 국가 하나가 통째로 움직이는 규모가 되었다. 그뿐이 아니었다. 하인을 포함한 모든 구성원이 황금과 최고급 페르시아산 비단을 두르고 있었으며, 중간에 들른 카이로에서 자신들의 재력을 과시하듯 황금을 물 쓰듯

칸쿠 무사와 6만 명에 달하는 말리왕국의 성지순례단

했다. 그 때문에 카이로에 과도한 황금이 유통되면서 금 가격이 폭락했다. 그리고 그 여파는 10년 동안이나 계속되었고, 결국 카이로의 경제 전체가 무너져 내렸다. 이를 본 유럽인들 가슴속에는 말리왕국이 훗날 아메리카의 엘로라도처럼 전설의 황금향으로 자리 잡았다. 결국 칸쿠 무사의 성지순례는 그가 죽고 500년이 지난 19세기에 칸쿠 무사의 황금도시를 찾겠다며 동아프리카로 몰려들게 했고, 팀북트를 표적 삼게 만들었다. 하지만 말리왕국은 칸쿠 무사 아들들끼리의 불화로 무너진 뒤였고, 황금도시도 없었다. 고무와 나무 같은 자원만으로는 자원침입자들의 욕망이 채워지지 않았다. 결국 침입자들은 19세기식 황금을 탄생시켰다. 바로 아프리카 노예였다.

'총명을 남김없이 드러내면 화를 야기하고 재앙을 부른다聰明逞盡, 惹禍招災'는 말이 있다. 한마디로 잘난 체를 하면 문제가 생긴다는 것이다. 물론 이 말에서 드러내지 말라는 것은 재능이다. 하지만 재물도 마찬가지가 아닐까 싶다. 큰 집이 큰 도둑을 부른다고 하지 않던가!

금을 모아
독일군을 내쫓다

2020년 1월 시작된 신종코로나바이러스감염증-19코로나19가 해를 넘어가도 좀처럼 수그러들지 않았다. 전 세계가 백신을 맞느라 부산을 떨던 2021년 봄에도 오히려 4차 유행이 점화되는 모양새여서 불안하기만 했다. 경기는 침체되었고 사람들은 계절과 활력을 잃었다. 언제쯤 코로나19 이전으로 돌아갈 수 있을지에 대한 확신도 없다. 하지만 확산 초기만 해도 공급이 안 돼 전전긍긍했던 마스크도 넉넉하고, 제한적이기는 하지만 외식도 가능하며, 순차적으로 백신도 맞고 치료제까지 개발되어 있다. 5부제로, 그것도 한두 장씩 마스크를 구매해야 했던 때를 생각하면 그나마 다행이지 싶다. 물론 여전히 아쉽고, 여전히 불편하기는 하지만….

코로나19가 막 확산하던 때 우리나라 SNS에는 이런 말이 회자되었다.

"우리나라 사람들에게는 이상한 DNA가 있다.
평소 소 닭 보듯 하다가도
어려움이 닥치면 앞뒤 안 가리고 달려드는
이상한 DNA가 있다."

언론은 이를 '고통분담 DNA'라고 했다. 2007년 충청남도 태안군 앞바다에서 있었던 태안기름유출사고 때도, 2014년 목포 앞바다를 지옥으로 만들었던 세월호사고 때도 이 DNA는 유감없이 실력을 발휘했다. 내 일 네 일 가리지 않고 현장으로 가 일손을 도왔고, 현장에 갈 수 없으면 구호품들을 보내왔다. 코로나19 확산 때도 마스크 수급이 어려워지자 챙겨두었던 마스크와 손소독제를 기증하는가 하면 잠도 자지 못한 채 병상과 검진센터를 지키는 의료진들에게 기운 내라며 달콤한 디저트와 응원 가득한 꽃바구니를 보냈다. 그뿐 아니다. 전염을 우려해 소비시장이 위축되자 임대업자들은 임대료를 깎아주거나 경우에 따라서는 월세를 안 받았고, 소비자들은 나중에 찾아오겠다는 약속과 함께 당장 사지도 먹지도 않으면서 선

결제를 했다. 100여 년 전에도 일제에게 진 나랏빚을 갚겠다면 비녀며 수저 등을 아낌없이 내놓았고^{국채보상운동, 1907}, 25년여 전에도 기업

국채보상운동 당시 기부금영수증

빚으로 채무국으로 전락하자 고사리손의 돌반지며 60년 손때 묻은 금비녀며 아까워 한 번도 껴보지 못한 결혼반지들을 내놓았다^{IMF 외환위기, 1997}. 그 이상한 DNA 덕분에 전쟁과 독재의 터널을 지났음에도 선진국 대열에 합류하게 되었겠지만, 그래도 아무튼 참 이상한 사람들이다.

물론 이런 DNA가 우리만의 특성은 아니다. 2000년 들어 몽고는 원자재 가격이 떨어지면서 경기가 침체된 때에 강풍과 가뭄으로 가축들까지 떼죽음을 당하면서 나랏빚이 기하급수적으로 불어났다. 그러자 몽골국민들은 끼니를 줄여야 할 형편에서도 현금과 금은보석은 물론 유목민에게 생명과 같은 말까지 내놓았다.

준비되지 않은 전쟁의 결과는 치욕

이런 국난극복 DNA는 서양에도 있었다. 1871년 프랑스는 독일의 전신 프로이센과 치른 전쟁프로이센·프랑스전쟁에서 완패했다. 사실 프랑스의 패전은 예고된 참사였다. 일단 나폴레옹 3세는 이렇다 할 준비도 없이 경솔하게 선전포고를 했다. 반면 프로이센은 철의 재상 비스마르크를 필두로 이탈리아를 우군으로 삼았다. 그리고 영국을 중립으로 묶어 참전하지 못하게 하면서 프랑스를 철저하게 고립시켰다. 또한 군대훈련과 참모기능에서도 치밀하게 전쟁을 준비했다. 결국 나폴레옹 3세는 연전연패 끝에 프로이센군에 붙잡히는 수모까지 겪었다. 항복을 대가로 나폴레옹 3세는 풀려났지만, 결과는 혹독했다.

먼저 승전국 프로이센의 국왕 빌헬름 1세는 왕족의 결혼식이나 외국대사의 접견장소로 쓰였던 유서 깊은 베르사유궁 거울의 방에서 승전을 축하했다. 그리고 동시에 독일제국의 탄생과 독일제국 황제가 자신임을 선포했다. 또한 독일의 제국군은 전쟁에서의 승리를 자축하기 위한 시가행진을 파리 시내 곳곳에서 벌였다.

프로이센 국왕 빌헬름 1세는 베르사유궁 거울의 방에서 독일제국 탄생을 선포했다(1871).

프로이센 군대의 파리 승전행진(1871)

점령군의 승전 시가행진에는 프랑스 사람들의 자존심을 짓밟고 항전을 포기하게 하려는 의도가 있었다. 그런데 자존심에 상처를 입은 시민들은 포기 대신 항전을 선택했다. 노동자들 중심으로 사회주의 자치정부인 파리코뮌을 세워 대항한 것이다. 결과적으로 항전은 실패했다. 무력을 앞세운 독일제국에 파리코뮌은 최소 1만 명이 숨지고 4만여 명이 군사재판에 넘겨지면서 70일 만에 해체되고 말았다. 게다가 이를 빌미로 독일제국은 50억 프랑 배상, 알자스·로렌 할양, 배상금 완납 때까지 프로이센군 파리 주둔 등을 강요^{프랑크푸르트 조약}했다.

금 모아 치욕을 갚아버리자

그런데 철의 재상 비스마르크도 예상하지 못한 일이 일어났다. 배상금 소식이 알려지자 프랑스 사람들이 모금운동에 나선 것이다. 현금은 물론이고 금, 은, 구리 등 돈 되는 물건은 다 모였다. 1907년 우리 할머니들처럼 프랑스 여성들은 손에 끼고 있던 반지를 뺐다. 다만 다른 것이 있다면 국채보상운동이 일본의 방해로 중단된데 반해 프랑스의 배상금 모금은 대성공을 거뒀다는 것이다. 석 달 만에 배상금 50억 프랑을 모두 갚아버린 것이다. 이에 비스마르크는 이렇게 한탄했다고 한다.

"평생 씻을 수 없는 실수를 했다.
배상금을 두세 배로 올렸어야 했는데…."

결국 프랑스 시민들은 군대를 장기주둔시킴으로써 종국에는 파리를 자신들의 영토로 삼으려던 독일제국의 음험한 계획을 무너뜨렸다. 독일제국군을 철수시켰고, 더 나아가 딱 반세기 만에 거울의 방에서 당한 수모까지 확실하게 앙갚음했다. 제1차 세계대전의 승전국으로서 전범국이 된 독일의 대표단을 베르사유궁 거울의 방으로 불러들여 항복문서와 천문학적 액수의 전쟁배상금을 약속하는 증서에 서명하게 한 것이다.

위기는 사람을 강하게 만든다고 했다. 전염병 때문에 몸의 사회적 격리가 강조되고 있는 가운데에서도 마음은 격리되어 있지 않기를 바란다. 그리고 끝내는 우리의 힘으로, 서로의 힘으로 이겨내겠구나 하는 희망을 품고 오늘을 견뎠으면 하는 바람이다.

독일군의 파리 점령 시절 파리시민들의 항전의지를 보여주는 〈파리의 봉쇄〉(1864),
장 루이 에르네스트 메소니에

100년을 잇는
친일매국의 그림자

1919년 4월 5일 총독부 기관지 '매일신보' 1면에 경고문이라는 제목으로 글 하나가 게재된다. 글은 "오호, 조선 동포여! 속담에 사중구생死中求生이란 말이 있다. 그런데 지금 조선 인민은 생중구사生中求死하려 하고 있으니, 이 어찌된 까닭인가?"라는 절절한 안타까움으로 시작한다. 풀이해보자면 '충분히 살 수도 있는 상황에서 헛되이 죽을 길을 찾아가고 있어 안타깝다'는 것이다. 얼핏 당시가 일제가 대한제국의 국권을 불법으로 강탈한 지 9년, 비운의 망국황제 고종이 승하한 지 두 달이 채 지나지 않았던 것을 감안하면 망국의 상황을 한탄한 것이 아닌가 싶기도 하다. 그런데 그 뒤에 이어진 글을 보면 눈을 의심하지 않을 수 없다.

"조선독립이라는 선동이

허언이고 망동이라는 점에 대한

각계 인사들의 천 마디 만 마디가 부족함이 없는데도

(대중이) 계속 자각하지 못하기 때문에

이렇게 나서게 되었노라."

이쯤 되면 누가 이 따위 글을 썼는지 궁금해진다. 글의 맨 마지막
글쓴이의 이름을 본다.

"백작 이완용, 삼가 고하다."

왕세자 이은과 일본 공주의 결혼을 "내선융화"로 미화한 이완용
('매일신보', 1916.8.4.)

이완용, 그는 이토 히로부미가 대한제국의 외교권을 접수하기 위해 대신들을 위협하며 조약체결을 강요했을 때 이에 적극적으로 찬성하고 조약을 체결해야 우리가 산다고 고종을 위협했던 '을사5적' 가운데 한 명이다. 이후 그는 이토 히로부미의 절대적 신임을 받았고, 이토 히로부미를 '영원한 스승'으로 떠받들었다. 1907년에는 고종 면전에서 헤이그밀사 파견을 질타한 것도 모자라 고종을 억압적으로 퇴위시키고 순종을 즉위시켰으며, 이어서 단독으로 기유각서를 맺어 대한제국의 사법권을 일제에 통째로 바쳤다. 1910년에는 일본정부로부터 한일병탄에 대한 공로를 인정받아 백작의 작위를 받고 후작에까지 오르며 강점기 내내 떵떵거리고 민족의 고혈을 빨았던 친일반민족행위자, 바로 그 이완용이다.

3·1만세운동은 헛짓, 안중근은 테러리스트

이완용은 민족의 자존을 건 평화적 투쟁이었던 3·1만세운동이 달갑지 않았다. 그에게 3·1만세운동은 대한제국 국민 10%가 목숨을 건 절절한 투쟁이 아니라 "처음에 무지하고 몰지각한 아이들이 망동을 벌이더니, 그 뒤 각 지방에서 뜬소문을 듣고 함께 일어나

치안을 방해"하는 경거망동이었다. 학생들의 망동에 어른들이 부화뇌동한 철딱서니 없는 짓이라는 의미다. 심지어 그는 신문에 이런 논조의 글을 세 번이나 실었다. 어리석은 조선인들에게 경고하기 위해서라는 이유에서였다. 3월 1일 시작되어 4월에도 계속 확산추세였던 시위가 5월 하순에 소강상태에 접어들었을 때에는 "한마디 더 하고자 하는 이유는 독립론이 허망하다는 것을 여러분이 확실히 각성할 수 있도록 하기 위해서"라면서 3·1만세운동을 폄하했다.

그는 일관되게 독립에 대한 희망을 버리라고 외쳤다. "일한합병은 조선민족의 유일한 활로"였다는 말로 나라를 팔아먹은 자신의 행위를 정당화했다. 땅덩어리도 작고 모든 면에서 질적으로 떨어지는 데다가 인구도 천여 백만밖에 안 되는데 무슨 수로 독립할 수 있겠느냐고도 물었다. "총독정치 10년의 성적을 볼 때 인민이 향유한 복지가 막대하다는 점은 내외 국민이 공감하는 바"라면서 식민통치의 우수성을 찬양했고, "여러분이 주장하는 지방자치, 참정권, 병역문제, 교육문제, 집회 및 언론의 자유 등의 문제는 여러분의 생활 및 지식수준에 따라 정당한 방법으로 요구해야만 동정을 얻을 수 있다"면서 일본에 대한 요구사항이 있더라도 지금 당장은 자제하자고도 했다. 조선인의 가면을 쓴 일본인이라 해도 이상하지 않다. 그러니 하얼빈 거사 후 안중근 의사를 향해 "테러리스트"라고 비난했겠지. 그러니 이토 히로부미의 죽음을 두고 하늘이 무너진 듯 애통해했겠지.

매국은 밖의 적에게 고개를 숙이는 것

100년이 지났다. 한일 후쿠시마 수산물 수입분쟁으로 첨예하게 대립하고 있던 2018년 대법원의 일제 강제징용 배상판결에서 일본 제철옛 신일철주금 자산의 강제환수가 결정되었다. 그러자 일본은 2019년 우리 정부가 강제징용피해자 문제에 대해 해결책을 제시하지 않았다고 문제 삼으며 안보상 수출 우대국가인 '화이트리스트'에서 우리나라를 빼고 우리나라에 수출하던 반도체소재 3종포토레지스트, 불화수소, 플루오린 폴리이미드에 대한 수출규제를 실시한다고 일방적으로 통보했다. 표면상의 이유는 우리나라의 수출통제체제를 믿을 수 없다는 것이었다. 즉, 우리나라가 북한에 전략물자를 몰래 수출하고 있다는 것이다. 물론 말도 안 되는 트집이었다. 우리나라는 전략물자 수출통제 모범국가이기 때문이다. 국제전략물자체제에 모두 가입되어 있고, 수출통제를 철저히 하고 있어 27개국의 화이트리스트에

올라가 있을 정도다. 그런데 이 일을 두고 모 일간지가 이런 글을
실었다.

"이 사태를 만든 것은 법원과 정부다. 법원은 한일 청구권협정
과 달리 일본 기업에 대한 개인의 청구권을 인정해 일본의 반발
을 불렀다. 현 정부는 이 외교갈등을 풀기 위해 고심한 전 정부와
법원을 사법농단이라고 수사해 감옥에 넣었다."

- 7월 11일 사설 -

당시 미국과 유럽은 물론 일본 언론조차 아베정부의 책임이 크다
고 질타했음에도 이 일간지는 1965년 한일 청구권협정으로 국가나
개인 청구권 문제가 완전히 해결됐다고 강변하며 '우리 정부가 경
제보복을 자초했으니 무릎을 꿇으라'고 질타한 것이다. 심지어 국
내판의 '요즘 한국기업과 접촉도 꺼려'라는 제목을 일본판에서는
'한국은 무슨 낯짝으로 일본에 투자를 기대하나?'로 바꿔 달았다. 7월
9일에는 '수학여행에도 친일딱지, 시대착오 행진 끝이 없다'는 제목
의 기사내용 중 '일제강점기'를 일본어판에선 '일본 통치시대'라고
썼다. 대한민국의 입이 아니라 일본의 혀 같다. 이완용이 살아 돌
아와 글을 쓴 게 아닌가 하는 의심마저 든다. 일본정부는 이 일본

어판 기사를 증거로 수출규제를 정당화했다. 그런데도 보수를 자처하는 일명 극우 '태극기부대'는 "한국이 쫄딱 망해봐야 한다", "아베 총리님, 죄송합니다"라는 발언을 여과 없이 쏟아냈다.

보수는 자국의 이익을 최고의 가치로 삼는다. 그런데 우리나라 보수라는 이들은 일본의 이익을 대변한다. 일본의 경제침략을 논하기보다 '우리의 경제실력이 부족하니 일본의 경제력에 의존하는 것이 옳다'거나, '구차하게 과거 일제 식민지시대의 일로 한일관계의 미래를 망치고 있다'는 주장을 편다. 뭐, 그래도 여기까지는 정부와 대척점에 서기 위한 정치적 논리로 볼 수도 있다. 그런데 일본에 수출규제에 국민들이 자발적으로 시작한 일본불매운동을 "일부 대중의 저급한 반일종족주의 감정"의 발로라느니, 국산부품 자력갱생운동을 "퇴행적인 운동"이라느니, 냄비근성 때문에라도 불매운동은 오래가지 않을 거라느니 하며 비난하고 조롱한다. 이들은 말한다. 국민의 자발적 자강운동을 퇴행적이고 저급하다고…. 한국 사람은 미성숙해서 강하고 성숙한 일본의 보호 아래로 고개를 숙이고 들어가야 한다고…. 100년 전 어제 이완용이 살던 대한제국의 이야기가 아니다. 100년 후 오늘 우리가 살고 있는 대한민국의 이야기다.

광복 후 우리는 친일세력을 단죄하지 못했다. 오히려 혼란한 정국을 극복해야 한다는 조급함에 친

2019년 빗속에서도 이어진 불매운동 촛불문화제

일세력을 대한민국정부 아래로 끌어들였다. 그 결과 70년 넘게 이들은 일제강점기에 그랬던 것처럼 반성도 없이 우리 사회의 권력과 돈을 좌지우지했다. 그래서인지 이들은 나라를 팔아먹는 행위만 매국이 아니라는 걸, 밖의 적에게 굽실굽실하는 것 역시 매국이라는 걸 모르는 듯하다. 하긴, 반성이 없었는데 제 잘못이 무엇인지 알 리 없겠지.

공수처 갈등,
오늘만의 일?

오랫동안 일 잘하고 있었는데, 어느 날 갑자기 내 업무를 다 늘여다보는 상급자가 생긴다? 조직사회에서 흔한 일이기는 하지만 내 입장에서 기분 좋을 리는 없다. 승진은 시켜주지 못할망정, 하면서 보이지 않는 곳에서 버럭 화를 낼 수도 있겠다. 그런데 요즘 딱 이런 심정의 무리들이 눈에 띈다. 바로 검찰이다. 2019년 말 20여 년 동안의 지난한 진통 끝에 법안이 국회에서 통과되면서 2020년 7월 출범한 고위공직자범죄수사처, 일명 공수처가 검찰에게는 갑자기 나타난 상급자로 여겨지는 모양새다. 그래서인지 검찰은 지금까지도 언론을 통해, 그것도 익명으로 자신들의 입장을 표명하고 공수처를 방해하는 데 혈안이다.

검찰의 주장은 공수처가 헌법에 위배된다, 수사혼선을 가져올 것이다, 공수처의 공정성은 무엇으로 보장할 것인가 하는 것들이었다. 이들이 핏대 올리는 것도 아주 이해 못하는 바도 아니다. 왜 안 그렇겠는가? 모두를 수사하고 기소할 수 있는 권력을 쥐고 있으면서도 정작 자신 또는 동료에게는 무한히 관대했던 검찰의 상대적 정의를 콕콕 짚어낼 수 있는 상급기관이 생기는 것이니 말이다. 또 이런 이유로 검찰이 반발한 게 처음도 아니다.

정선이 그린 의금부 평면도(《금오계첩(金吾契帖)》의 일부)

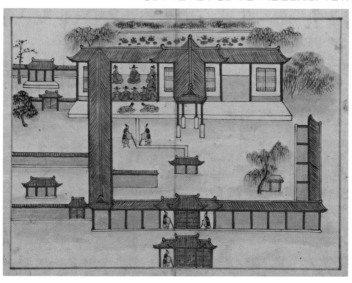

사헌부 위에 의금부? 의금부 위의 사헌부?

조선시대에는 사헌부, 의금부, 포도청, 형조 등 다양한 사법기관들이 있었다. 이중 사헌부司憲府는 관리들의 범죄와 부정부패를 주로 다루는 기관이었고, 왕에게 직언할 수 있는 기관이었다. 때문에 사대부가 선망하는 요직 중 하나였다. 그런 만큼 사헌부 관원들의 자부심은 다른 기관과 비교할 수 없을 정도로 높았고, 시련을 겪는 일이 있어도 호락호락하지 않는 반골기질을 쭉 이어갔다.

사헌부 언관들의 해치 흉배

물론 이들이 관리를 감찰하고 부패범죄를 수사하며 나라와 백성을 위해 간언을 올곧게 수행한다면야 이러저러하게 논할 것도 없다. 문제는 이들 스스로 범죄를 저지르거나 누군가의 범죄를 제 이익에 따라 감춰줬을 때다. 이를 위해 조선에서는 의금부義禁府를 두었다.

의금부는 왕명에 따라 반역이나 왕실 관련 사건 등 일반 수사기관이 접근하기 어렵거나 중대한 범죄를 다루는 특수기구였다. 그리고 무엇보다도 사헌부를 직접 수사할 수 있는 나름의 상급기관이라는 지위를 가지고 있었다. 한마디로 정의로워야 하는 감찰기관의 부패를 찾아내 올곧은 감찰과 간언이 이루어질 수 있도록 돕는 기관이었다. 처음 의금부에게 이러한 지위를 부여한 이는 신진사대부에 의해 세워진 왕조, 조선의 제3대 왕 태종이었다. 태종이방원은 사헌부에 대한 의금부의 수사를 현실화하기 위해 의금부의 특수관서인 당직청 앞에 신문고를 설치하고, 사헌부에서 제대로 처리되지 않은 사건에 대해 백성들이 신문고를 두드림으로써 억울함을 호소할 수 있게 했다. 신문고가 의금부 직속기관 앞에 있었다는 것은 사헌부의 부실수사나 은폐를 의금부에 호소할 수 있다는 의미이자 사실로 확인될 경우 의금부가 사건을 직접 수사한다는 의미였다.

수사할 수 없는 대상은 없었다. 조선 세조 때 공신 홍윤성이 말단 군인의 딸과 강제로 혼인하기 위해 행패를 부린 사건을 사헌부가 신고를 받고도 은폐한 일이 있었다. 심지어 사헌부 관원이 홍윤성의 집을 왕래하면서 사건을 의논했던 것까지 드러났다. 이에 세조는 의금부에서 이 문제를 다루도록 하고 사헌부의 지휘라인을 모두 조사하게 했다. 의금부의 힘이 가장 셌던 연산군 시기에는 의금부를 동원해 왕이 사헌부 수장을 감옥에 보내거나 일부 관직을 없애버린 일도 있었다.

사헌부의 반격, 의금부의

사헌부도 가만히 당하고만 있지 않았다. 단종이 여섯 살 어린 나이에 왕위에 오르고 김종서, 황보인 등 세종 때부터 신임을 받던 권신들에 의해 정치가 좌우되었을 때 사헌부는 "의금부가 바른 정치를 막는다"며 공격의 칼날을 세웠다. 애초에 사법기관들은 협조와 견제를 통해 정의를 세우는 기관들이어야 했지만, 조선시대 내내 사헌부와 의금부는 서로를 견제했다. 특히 권력의 힘을 왕과 신하 중 누가 더 많이 가졌느냐에 따라, 즉 왕권과 신臣권 중 어느 쪽에 힘이 실렸는가에 따라 양측의 운명은 출렁였다. 왕권이 강할 때는 의금부에, 신권이 강할 때는 사헌부에 힘이 쏠렸다.

오늘날로 따지면 사헌부는 범죄를 다룬다는 점에서 법 위의 법이라 불리는 검찰청, 의금부는 왕실을 다룬다는 점이나 수사기관 위의 수사기관이라는 점에서 현재 논란의 중심에 있는 공수처라고 볼수 있다. 물론 공수처는 대통령 명령에 따르지 않는 독립적 기관이다. 고위공직자와 그 가족의 범죄행위에 대해서만 수사하고, 야당이 반대하면 대통령은 공수처장을 임명할 수도 없다. 그럼에도 공수처를 추진하는 인사들에 대한 검찰의 무차별적 기소를 보고 있자면 '어지간히도 공수처가 싫은가 보다' 하게 된다. 하기야 일본제국주의의 잔재와 미군정의 졸속행정으로 탄생해 70년 동안 헌법과 국민 위에 군림했던 무소불위 권력을 내려놓는 게 어디 쉬울까? 하지만 이제 좀 잘못된 권력과 이별해야 하는 것 아닐지. 국가권력의 주인이 검찰이 아니라 국민이라는 걸 안다면 말이다.

독재와 권력에
부역한 증거

1961년 5·16군사쿠데타의 주역이자 70년대에서 90년대까지 '3김시대'의 한 축이었던 김종필^{JP} 전 총리가 2018년 6월에 타계했다. 그런데 정부가 민간인이 받을 수 있는 최고등급의 훈장인 국민

2018년 고 김종필 전 총리에게 추서된 대한민국 국민훈장 무궁화장

훈장 '무궁화장'을 추서하면서 갑론을박이 벌어졌다. 정부는 JP에게 일부 과오가 있지만 정치권에 남긴 업적을 평가해야 한다고 한 반면, 정의당 등 일부 정당에서는 "쿠데타의 주역"으로서 독재권력에 부역하

며 일본과 야합하는 등 역사발전의 발목을 잡아왔다고 반발한 것이다. 이런 찬반논란은 정치권에서만의 일이 아니었다. 청와대 국민청원 게시판에도 훈장 추서에 반대하는 청원과 찬성하는 청원이 잇따라 올라와 동의 경쟁을 벌였다.

그런데 이 논란을 보고 있자니 문득 궁금해졌다. 독립을 위해 젊음을 바쳤던 독립운동가들은, 독재에 맞서 민주주의를 외쳤던 민주운동가들은 얼마나 훈장을 받았을까? 결론부터 말하자면 그 수가 너무 초라하다. 2015년

박정희 최고회의의장에게 훈장을 받는 김종필 당시 중앙정보부장(1963)

11월 기준으로 대한민국에서 훈장이 추서된 건수는 72만여 건에 이른다. 그중에 민주화운동으로 서훈을 받은 사람은 거의 없고, 독립운동으로 서훈을 받게 된 것도 나라를 되찾고도 30년이 지난 70년대에 이르러서였으며, 그나마 묻혔던 애국지사·독립운동가를 본격적으로 찾아 나선 것은 2000년대에 이르러서였다. 그러면 72만여 건에 달하는 그 많은 훈장은 누가 탄 걸까?

독재 부역자들을 위한 훈장 잔치

5·16군사쿠데타 이후 박정희정권은 1962부터 2년 동안 무려 6,667건의 훈장을 수여했다. 그중 쿠데타에 기여한 공로로 수여된 훈장만 1,063건이다. 굴욕의 한일수교를 하면서는 일본인들에게까지 수여했다. 이때 A급 전범으로 기소되었던 기시 노부스케^{아베 전 총리}^{의 외조부}에게 최고등급인 광화장이 수여되었다. 그 후로도 일본인에게 수여된 훈장만 16건이다.

1969년 대통령 3선 연임을 허용한 개헌안을 변칙으로 통과시킨 후 반독재운동이 거세게 불붙는 중에도 3선 개헌 처리에 기여했다며 장관급 고위직 20여 명에게 근정훈장을 수여했다. 물론 그중에 최다 수혜자는 무려 14개의 훈장을 스스로에게 수여한 박정희였다. 이른바 셀프수여다. 셀프수여로 따지자면 지금은 구치소에 있는 전 대통령 이명박 씨도 빠질 수 없겠다. 그렇게 받은 훈장이 5개나 되니 말이다. 5·18민주화운동의 군사진압을 자축하는 훈장 잔치도 있었다. 그 잔치에는 1980년 12월에 62명이, 다음 해인 1981년 4월에 101명이 이름을 올렸다.

반면 전국적으로 500만 명이 20일 동안 거리에서 대통령직선제를 외쳤던 6·10민주항쟁에 대한 예우는 2020년에 수여된 12개 훈장이 전부다. 20주년이 되어서야 국가기념일로 지정되었지만 제대로 된 기념관 하나 없고, 도화선이었던 박종철 열사나 이한열 열사를 위한 국가 차원의 예우도 없다. 연세대 앞 최루탄에 피격된 그 자리를 기리는 동판만이 쓸쓸하게 그날을 기억할 뿐이다.

학생 모금으로 마련된 이한열 열사 기념동판(연세대학교 정문 앞)

1987년 6월 9일 오후 5시
당시 원세대 2학년이었던
이한열 열사가
최루탄을 맞고 쓰러진 이 곳,
유월민주항쟁의 꽃꽃이
피어올랐다.

2016년 6월 9일
이한열기념사업회
연세대학교

배반을 증언하는 비뚤어진 훈장

우리 현대역사에서 훈장은 이렇듯 독재의 부역자들이었다는 증거였다. 더불어 일제강점기 애국지사들에게는 비참한 삶을, 침략자의 편에 섰던 친일파들에게는 영광된 삶을 잇게 한 배반의 역사를 증명하는 증거가 되기도 한다. 1950년 7월 이승만정권이 저지른 민간인 집단학살인 진주보도연맹사건에서 400여 명의 민간인들을 학살했던 당시 진주 경찰서장 이정용은 이후 6개의 훈장을 받았다. 그러나 그는 일제강점기 독립운동가를 체포한 고등계 형사^{순사부장}였으며, 1949년 진주형무소에서 1,200여 명을 학살한 핵심 가해자였다. 독립운동가들을 체포하고 고문해 일제로부터 8개 훈장을 받았고 그로 인해 친일반민족행위자로 지목된 노덕술^{일제 경찰} 역시 이승만정권으로부터 3개의 훈장을 받았다. 독립군을 잔인하게 토벌했던 간도특설대나 만주군 등 일본군 출신들도 광복 후 구국의 영웅으로 변신해 훈장을 받았다. 만주국군 중위·간도특설대 백선엽, 만주국군 상위·간도특설대 신현준, 일본군 대좌 이응준, 만주국군 헌병 상위 정일권 등이 그들이다. 일제강점기 판사와 검사 출신 21명이 광복 후 받은 훈장도 35개나 된다. 이 외에도 친일단체 간부 출신 26명은 37개, 일제 군인 출신 53명은 180개, 일제 경찰 출신 17명은 41개, 일제 관료 출신 31명은 42개, 친일 예술인 43명은 66개의 훈장을 받았다. 정권별로는 이승만정권 때 162건, 박정희정권 때 206건, 전두환정권 때 28건, 노태우정권 때 22건이 수여되었다. 이것이 훈장이 친일과 독재에 부역한 이들을 위한 농공행상이었다는 비판에서 자유로울 수 없는 이유다.

독립운동가를 찾고 그들에게 훈장을 수여하려 한 건 광복을 맞고도 30년이 지난 1970년대에나 와서였다. 그러나 독립운동가들은 훈장을 거부했다. 독립군을 때려잡던 친일파가 주는 훈장 따위 받지 않겠다는 것이었다. 실제로 정권의 실세들 대부분이 친일행적이 있는 인물들이었다. 독일은 지금도 소년 시절 홀로코스트 수용소의 수위를 했다는 이유로 아흔이 넘은 노인에게 실형을 선고한다. 그런데 우리의 친일파들은 실형은커녕 여전히 기득권으로서 떵떵거리고 있다. 반민족처벌법이나 친일파 재산환수법이 국회를 통과하지 못하는 이유도 친일파 후손들의 뻔뻔한 반대 때문이다. 훈장도 제 주인에게 주지 못하는데 이 법들이 통과는 될까, 씁쓸한 의문이 든다.

최고의 발명가는
고양이?

2020년 9월 초 마이삭과 히이선이라는 강력한 가을태풍이 연이어 한반도에 상륙하면서 부산, 울산을 비롯한 경상도와 강원도 지역이 큰 피해를 입었다. 재산상의 피해는 물론이고 부상자에, 심지어 사망자도 나왔다. 그중에는 강한 바람에 깨진 아파트 전면 유리창 파편에 상처를 입은 60대 여성이 과다출혈로 사망한 일도 있었다. 유리가 깨지면서 칼과 같은 흉기가 되어버린 탓이었다. 만약 아파트의 유리창이 큰 건물의 회전문이나 자동차의 창처럼 안전유리나 강화유리였다면 일어나지 않았을 불행이다. 깨질지언정 날카로운 조각이 되어 깊은 상처를 내지는 않았을 테니 말이다. 그러나 우리나라는 애석하게도 주거용 건물의 경우 대부분 풍압에 대한 안

전성을 고려하지 않는다. 또 발코니유리는 대부분 사용자가 준공 후에 설치하기 때문에 가장 넓은 면적을 차지하고 있음에도 불구하고 풍하중에 대한 검토도 거의 안 되고 있다.

골절보다 피해 더 큰 자상

안전유리는 충격이 가해졌을 때 크고 날카로운 조각들로 부서지지 않고 부풀어 오르거나 작고 비교적 무딘 조각으로 부서지는 유리다. 가장 흔하게 볼 수 있는 것이 자동차 창에 사용된 유리들이다. 물론 자동차가 세상에 나오면서부터 안전유리를 사용했던 것은 아니다. 초기 자동차들은 속도가 느려서 바람을 막아줄 유리가 굳이 필요치 않았다. 그런데 자동차의 발달, 도로의 확충으로 점차 속도가 빨라지자 바람을 막아줄 유리가 필요하게 되었고, 결국 일반유리를 앞면에 장착하게 되었다. 하지만 이 방법은, 바람은 막았지만 생각지도 못했던 새로운 문제를 떠안겼다. 사고 등으로 충격이 가해졌을 때 깨진 유리의 파편이 운전자 등을 다치게 하거나 심지어 죽이는 일이 빈번해진 것이다. 그런 사고는 1894년의 어느 날 프랑스에서도 일어났다.

1900년대 초 자동차 사고

　그림을 그리는 예술가이기도 했던 프랑스 화학자 에두아르 베네 딕투스도 그날의 사고를 아침식사를 하던 중 조간신문을 통해 접했 다. 자동차 추돌사고로 탑승자 대부분이 큰 부상을 입었다는 기사 였다. 기사를 읽던 그는 사고 자체보다 다른 것에 주목했다. 탑승 자들의 주된 부상이 추돌 충격에 의한 타박상이나 골절이기보다는 깨진 유리창에 의해 찔리거나 절단된 상해였다는 점이다. 이런 그 의 의문과 관심은 과학자다운 깊은 고민으로 이어졌다. '충격에도 안전한 유리'가 필요하다는 고민이었다.

우연과 고양이의 합작

그렇게 시작된 베네딕투스의 연구는 15년이나 계속되었다. 이를 달리 말하면 15년 동안 그의 연구가 실패했다는 것이다. 선의와 열의가 아무리 크다 해도 15년 동안 이어진 실패를 견디기는 힘들었다. 결국 그는 자신의 무능을 인정하며 안전한 유리에 대한 꿈을 접을 지경에 이르고 말았다. 그런데 의외의 일로 실마리가 풀렸다.

한창 실험실에서 연구에 열중하고 있던 베네딕투스는 와장창 깨지는 소리에 번쩍 고개를 들었다. 소리를 낸 범인은 고양이였다. 환기를 위해 살짝 열어놓은 창틈으로 들어온 고양이가 찬장 위를 휘젓고 다니다 플라스크들을 건드려 떨어뜨린 참이었다. 바쁜 와중에 졸지에 청소까지 하게 된 베네딕투스 입에서는 저절로 한숨을 나왔다.

에두아르 베네딕투스(1873~1930)

베네딕투스는 하고 있던 실험에서 손을 뗄 수 없어서 일단 내버려뒀다. 그리고 한참이 지나 마침내 실험을 마쳤을 때 자리에서 일어났다. 찬장 앞은 처참했다. 온갖 약품들이 들어 있던 플라스크들은 약품들을 흩뿌린 채 온전한 것 없이 박살이 난 상태였다. 그런데 날카로운 파편으로 형태를 바꾼 것들 사이에 이질적인 플라스크가 하나 있었다. 그것은 비록 금은 가 있었지만 비교적 원래의 형태를 유지하고 있었다. 셀룰로이드 용액이 담겨 있던 플라스크였다. 용액이 마르면서 형성한 막이 유리조각들을 붙들고 있었던 것이다.

초기 안전유리의 안정성 실험

그것을 계기로 베네딕투스는 두 장의 유리 사이에 셀룰로이드 막을 끼워 넣은 최초의 안전유리, '트리플렉스Triplex, 접합유리'를 2년 만에 세상에 내놓았다. 1911년의 일이었다. 그렇다고 바로 우리의 일상에 사용된 것은 아니다. 베네딕투스의 접합유리가 실험실을 벗어나 대중과 호흡하게 된 것은 그로부터 18년 뒤였다. 1929년 미국 자동차회사 포드가 자동차에 베네딕투스의 접합유리를 채택하면서부터다.

베네딕투스의 안전유리는 이후로 진화를 거듭해왔다. 셀룰로이드 대신 폴리비닐알코올[PVA]과 폴리비닐부티랄[PVB]이라는 물질을 접착필름의 주요 재료로 사용하면서 착시현상을 막고 내열성과 내한성도 높였다. 더 나아가 최근에는 자동차 제조과정에서 높은 온도로 가열했다가 급랭시켜 유리 자체의 강도를 극대화한 동시에 깨지더라도 뾰족한 파편이 아닌 작은 알갱이 형태로 부서지는 강화유리로 발전했다. 소재도 변하고 성능도 변했다. 하지만 분명한 게 있다. 많은 자동차 사고에도 유리로 인한 사상자가 거의 없다는 것이다. 한 과학자의 고집과 고양이의 실수, 그리고 그날의 우연이 겹쳐 만들어낸 위대한 발견이었다 할 만하지 않을까?

우리에게도
봄이 있었다

1968년 1월 5일 개혁파 알렉산데르 둡체크가 체코슬로바키아 공산당 제1서기로 선출되었다. 그는 경제와 정치면에서 부분적인 분권화를 실시해 시민의 자유를 좀 더 보장하는 개혁을 시도했다. '인간의 얼굴을 한 사회주의'라는 구호 아래 다당제를 도입했고, 보도와 표현 등 언론자유화와 이동의 자유제한 폐지 등을 추진했다. 또한 두 개의 개별 공화국으로 이루어진 연방제로의 체제전환을 시도했다. 이런 노력의 최종적인 목적은 제2차 세계대전 이후 점점 그 강도를 더해가던 소비에트연방소련의 간섭에서 벗어나는 것이었다. 당연히 소련으로서는 달갑지 않은 개혁이었다. 협상으로 압박했지만 둡체크는 개혁의 고삐를 늦추지 않았다.

협상에 실패하자 소련은 1968년 8월 20일 바르샤바조약으로 묶여 있는 동맹국들과 함께 행동에 나섰다. 20만 명의 병력과 2,000대의 장갑차와 탱크를 앞세워 침공한 것이다. 시민들은 비폭력시위로 대응했다. 군사적 저항도 하지 않았다. 비폭력저항은 침공 후 1년 동안이나 이어졌다. 하지만 조약군의 장갑차와 탱크는 시민들을 향해 불을 뿜었다. 침공 이틀 동안 72명이 죽고, 266명이 중상, 436명이 경상을 입었다. 국경을 넘어 탈주한 사람만 30만 명이 넘었다. 이런 중에도 소련은 '동구권 내 국가가 민주주의로 돌아서려는 기미가 보일 경우 소련이 개입할 권리가 있다'고 천명한 브레즈네프 독트린을 내세워 당중앙위원회를 해체시키고, 개혁의 지도자였던 둡체크를 외국으로 망명시켜 버렸다. 그리고 정치적·경제적 가치를 둡체크 이전으로 복원, 모든 개혁을 무효로 되돌렸다.

바르샤바조약군의 체코슬로바키아 침공(1968.8.20. 프라하) – 좌
바르샤바조약군의 침공을 비판하는 차우셰스쿠 루마니아 대통령(1968.8.21. 부쿠레슈티) – 우

이후 체코슬로바키아에서는 1989년 벨벳혁명으로 소련군이 철수하고 둡체크가 돌아올 때까지 사실상 소련의 감시와 지휘 아래 정치에 대해 발언하는 것 자체가 금지되었다. 소련 침공에 입으로만 비판했던 세계는 1968년 1월 5일에 둡체크가 집권하면서 시작되었고 같은 해 8월 20일 바르샤바조약군이 체코슬로바키아를 침공하면서 막을 내린 1968년 체코슬로바키아의 봄을 '프라하의 봄'이라고 부른다. 탱크에 의해 중단되어버린 민주화를 향한 미완의 혁명을 그렇게 부르기도 한다.

대학생 10만여 명이 모인 신군부 성토대회(1980.5.15. 서울역)

우리에게도 그런 봄이 있었다. 독재를 끝내고 민주화로 가는 희망을 품은 봄이었다. 그러나 새로운 독재의 주역이고자 욕망하는 군홧발에 철저하게 짓밟힌 봄이었다. 그리고 프라하의 봄보다 더 비극적인 봄이었다. 외세가 아닌 동족의 군홧발이었기 때문이다. 그 결과로 체코슬로바키아가 그랬던 것처럼 강력한 통제 속에서 우리의 민주화도 10여 년이나 미뤄졌다. 우리는 1980년 그해의 봄을 1968년 프라하를 빗대 '서울의 봄'이라고 부른다.

신군부 항의시위를 보도하는 1980년 5월 15일자 '경향신문'

독재의 끝을 잡은 독재자

봄은 박정희의 18년 독재가 은밀한 뒷방, 술과 음악이 흐드러진 가운데 총탄에 의해 무너진 1979년 10월 26일에 시작되었다. 국무총리였던 최규하가 대통령 권한대행으로서 헌법 위에 군림했던 박정희정권의 긴급조치를 12월 6일 해제했다. 이로써 개헌논의의 가능성이 열린 것은 물론이고, 그동안 긴급조치에 의해 구속당했던 재야인사들이 복권되었으며, 시민사회의 요구에 따라 유신헌법 폐지와 민주적 선거에 대한 논의가 이루어졌다. 국민 사이에 '드디어 유신체제가 끝나고 민주화가 이루어질 것'이라는 기대가 넘친 것은 당연한 일이었다.

그러나 상황은 국민의 기대와 다른 방향으로 움직이고 있었다. 유신 말기 긴급조치하 모든 권력의 정점에는 박정희가 있었다. 그리고 그를 지키는 차지철의 대통령경호실, 김재규의 중앙정보부, 그리고 전두환의 국군보안사령부가 나눠 가지고 있었다. 그런데 1979년 10월 26일 김재규에 의해 박정희와 차지철이 암살당하고, 전두환에 의해 김재규가 체포되었다. 박정희 1인자의 권력은 물론이고 차지철, 김재규, 전두환 2인자들의 권력이 전두환 한 명에게 집중된 것이었다. 이렇게 정치권력을 장악한 전두환은 자신의 사조직이었던 하나회를 움직여 긴급조치 해제 6일 후인 12월 12일 당시 계엄군사령관 정승화 육군참모총장을 김재규의 암살사건에 연루했다는 혐의로 납치 · 연행 · 숙청해버리면서 군권까지 장악했다. 군부 내 쿠데타[12 · 12군사반란]를 일으킨 것이었다. 그러나 국민은 이런 상황을 알지 못했다. 전두환의 신군부가 모든 언론을 장악하고 10 · 26사건의 수사상황으로만 이슈몰이를 하며 국민의 눈을 가렸기 때문이다. TV와 신문은 10 · 26사건을 브리핑하는 합동수사본부장 전두환의 얼굴로 도배되었다. 이런 상황은 다음 해인 1980년 3월까지 이어졌다.

그럼에도 시간이 흐르자 군부가 묻고자 했고, 그럼으로써 묻혔던 진실이 지식인층을 중심으로 퍼지기 시작했다. 5월이 되어서는 "비상계엄 해제"와 "신군부 퇴진"을 요구하는 시위가 전국적으로 확산되었다. 1980년 5월 15일에는 서울역에 15만 명이 모였다. 그러자 전두환의 신군부는 북한남침설과 2차 쿠데타설을 흘려 안팎으로 공포를 조성했다. 이에 서울 소재 16개 대학교 총학생회장들은 유혈사태를 우려해 시위 해산을 결정했다. 이른바 '서울역 회군'이다. 그러자 신군부는 비상계엄을 확대하고 김대중, 김영삼 등 정치인

26명을 비롯해 대학 학생회 간부와 재야인사 600여 명을 하룻밤 새 체포 · 구금하고 국가를 장악해버렸다. 1979년 10월 26일 박정희 암살로 시작된 민주화를 향한 서울의 봄은 서울역 회군과 5월 17일 신군부의 전국 계엄령 선포로 막을 내리고 말았다.

그 봄, 꽃비 대신 피가 꽃잎처럼 나리다

1980년 군인들에게 체포되어 연행되고 있는 광주시민들

계엄령 선포 다음 날인 1980년 5월 18일 광주에서 있었던 시위는 12 · 12 군사반란을 규탄하고 신군부의 권력장악을 거부한 서울역 시위와 다르지 않은 학생과 시민들의 민주화 요구였다. 광주가 특별했던 것이 아니라는 말이다. 그러나 신군부는 시위의 전국 확산을 막기 위해 즉각적으로 광주를 고립시킨 후 김대중과 북한의 사주에 의해 발생한 소요사태

로 조작·왜곡하고 공수부대를 파견해 학살을 자행했다. 그래서 그해 봄 광주에는 꽃비 대신 민주화를 원했던 200여 명의 사망자·실종자와 4,000여 명 부상자들의 끓는 피가 뿌려졌다.

그렇게 서울의 봄은 그해의 봄으로 끝난 듯했다. 그러나 7년 후 여름으로 되살아났다. 6월 민주항쟁이다. 여전히 정권을 장악하고 있던 쿠데타 주역들은 또다시 군 투입을 준비시켰다. 하지만 이번에는 미국이 반대했다. 수도 한가운데에서 비무장의 150만여 명에게 무력을 사용한다는 것에 정치적 부담을 느꼈기 때문이다. 결국 6월항쟁은 '대통령직선제'를 쟁취한 국민들의 승리로 끝났다. 서울의 봄이 있었기에 가능했던 승리였다.

내란·군사반란 모의로 재판받은 전두환과 노태우 등 (1996)

산타클로스는
왜 빨강을 입고 있을까?

한 해를 마무리하는 12월, 종교가 기독교이건 아니건 그 존재를 믿건 안 믿건 크리스마스만 되면 떠오르는 슈퍼히어로가 있다. 그는 자신만의 독특한 의상을 입고 시속 818만 300킬로미터, 초속 2,272킬로미터로 내달리는 특별한 슈퍼카를 타고 과속 걱정 없이 하늘을 난다. 게다가 하룻밤 새 전 세계 20억 명의 어린이가 사는 7,500만여 가구를 방문한다. 굴뚝으로 들어가 선물을 놓고 나오는 데는 100만 분의 1초밖에 걸리지 않는다. 몸매로 봐서는 믿기지 않는, 순간이동에 가까운 순발력과 민첩성이다. 그래서인지 매년 거의 모든 나라에서 보내오는 팬레터를 받는다. 비록 편지를 쓰는 이들이 10세 미만의 어린이들뿐이긴 하지만…. 바로 산타클로스다.

산타의 원형으로 알려진 '하퍼스 위클리' 표지그림(토마스 네스트, 1881)

산타 옷은 원래 초록?

산타클로스 전설은 12세기 프랑스 수녀들이 성 니콜라오 축일 전날인 12월 5일에 가난한 아이들에게 선물을 준 데에서 유래한 것으로 추정된다. 이후 가톨릭 국가들에서는 성인의 축일에 성 니콜라오의 분장을 한 가족 중 한 명이 착한 어린이를 칭찬하고 나쁜 어린이를 혼내는 전통도 생겼다. 그러다 17세기경 아메리카로 이주한 네덜란드 사람들이 자선을 베푸는 사람을 성 니콜라오의 네덜란드어 발음인 '산타클라스'로 부른 것이 영어식으로 변형되면서 오늘날의 산타클로스가 되었다.

그런데 산타클로스라고 하면 일단 지구본처럼 둥그런 배도 생각나고, 얼굴을 다 가리는 북실북실한 수염도 생각나고, 에로틱과는 상관없는 빨강 옷도 생각난다. 두툼한 배나 풍성한 수염은 인자함이나 넉넉함을 연상시킨다고 좋게 생각할 수도 있다. 그런데 빨강은 왜 빨강이어야 했을까? 19세기 그림을 보면 종종 초록 옷을 입은 깡마른 산타클로스가 있어 더 이상하다. 초록의 산타클로스는 '겨울왕'에서 비롯되었다. 북유럽신화의 주신인 오딘의 변형으로 보이는 겨울왕은 초록색 옷을 입고 나타나 먹고 마실 것을 나눠주며 봄이 왔음을 알려줬다는 전설 속 존재다. 그런데 영국이 기독교 국가가 되면서 겨울왕은 '파더 크리스마스Father Christmas'라는 캐릭터로 계승되었다.

파더 크리스마스가 영국 내에서 지위를 얻는 데 일조한 사람은 헨리 8세재위 1509~1547였다. 이혼을 하기 위해 로마교황청으로부터 독립하고 국교회를 만들면서 교황청에 맞서는 한편 크리스마스를 적대시하는 청교도와도 차별을 갖기 위해 초록을 입은 '파더 크리스마스'를 '크리스마스 경'으로 격상시켰기 때문이다. 그러다 보니 영국 국교회의 종교적 탄압을 피해 신대륙으로 간 청교도들은 영국의 국교회보다 자신들 종교에 정당성이 있다는 것을 내세우기 위해 국교회의 초록이 아닌 기독교의 전신인 가톨릭의 빨강을 산타클로스에게 입혀 버렸다.

'겨울왕'에서 유래한 파더 크리스마스

사회가 부여한 빨강의 의미

고대사회에서 빨강은 원초성과 우월함을 상징했다. 인간에게 이로우면서 위험했고, 생명이자 곧 죽음이었던 불과 피를 의미했기 때문이다. 그래서 선사시대 때부터 벽화, 토기, 심지어 신체에까지도 문양에는 붉은색을 썼다. 그래서였을까, 중세에서 빨강은 권력이 되었다. 교황과 추기경은 붉은색 옷을 입었고, 유럽의 왕과 황제들도 빨강을 상징으로 삼았다. 현대의 주교들도 그렇지만 당시 주교들도 권위와 고귀함을 드러내기 위해 빨강 외투를 걸쳤다. 산타클로스의

실제 모델로 알려진 소아시아^{현 터키} 대주교 성 니콜라오^{Saint Nicholas, 270~343}도 마찬가지였다. 이렇게 고귀함의 상징었던 빨강이 비도덕과 퇴폐의 색으로 취급당하게 된 건 종교개혁 이후이며, 프랑스대혁명 이후에는 혁명을 상징하기도 했다. 지금은 에로티시즘 정도일까? 결국 똑같은 색에 사회마다 의미를 달리 부여했다고 봐야 할 것이다.

성 니콜라오 대주교

하지만 산타클로스의 빨강은 혁명도 퇴폐도 에로티시즘도 아니다. 위험에 대한 경고나 넘볼 수 없는 권위 따위도 아니다. 크리스마스가 주는 상징 때문이겠지만, 아무튼 산타클로스의 빨강은 기쁨과 즐거운 축제를 연상시킨다. 그런데 이 즐거운 연상을 시도한 것은 1823년 12월 23일 미국 뉴욕의 신문 '트로이 센티널'에 실렸던 '니콜라오 성자의 방문'이라는 시였다. 이 시에서 산타클로스는 순록이 끄는 썰매를 타고 날아다니는, 굴뚝을 통해 집 안으로 들어가는, 눈처럼 흰 수염과 장밋빛 볼과 체리색 코를 하고 웃음을 터뜨릴 때마다 배가 출렁이는 배불뚝이로 그려졌다. 건드리기만 해도 '호호호' 하고 웃는 유쾌한 뚱보 할아버지의 탄생이었다. 그리고 1931년 미국 코카콜라가 겨울의 매출부진을 극복하기 위해 뚱보 산타클로스를 광고모델로 선택하면서 대중화되었다.

소문처럼 산타클로스는 코카콜라의 장삿속 때문에 빨강을 입은 게 아니다. 산타클로스의 빨강은 가톨릭문화에서 비롯되어 뉴욕이라는 도시에서 재탄생하고 20세기 코카콜라와 함께 대중화된 빨강이었던 것이다. 하긴 그 이유가 뭐 중요할까? 기분 좋은 빨강이면 그만이지….

서부개척의 역사는
인종청소의 역사

2009년 최고의 흥행영화는 미국 영화 〈아바타〉였다. 우리나라
에서의 관람객만도 1,330만 명이 넘었다. 외계 행성 판도라의 나비
족과 그곳에 도착한 지구의 인간들 사이에 있던, 교류를 가장한 약
탈과 투쟁이 주요내용이었다. 물론 영화는 원주민인 나비족의 승리
로 끝난다. 나비족 여인 네이티리를 사랑한 인간 해병대원 제이크
와 학살에 반대한 과학자 그레이스가 양심을 선택한 덕분에 말이
다. 그런데 개운치 않다. 영화는 그렇게 침략 대신 수호의 손을 들
어주면서 끝이 났지만 현실이었다면 한번 패했다고 물러설 인간이
아니기 때문이다. 인간은 또다시 판도라에 갈 것이고, 끝내 판도라
행성을 정복할 것이다. 그리고 마음대로 자원을 약탈하기 위해 나

비족을 말살할 것이다. 굳이 그렇게까지 인간을 폄하할 필요가 있겠냐고 물을 수도 있겠지만, 인간의 역사를 되돌아보면 한 집단의 욕망을 위해 다른 집단의 삶을 짓밟는 일이 비일비재했으니 아주 틀린 추측만은 아닐 것이다. 위대한 개척의 시대를 자랑하는 미국이 딱 그랬으니까.

카를로스 푸엔테스의 《라틴 아메리카의 역사》를 보면 콜럼버스가 도착하기 이전 아메리카 대륙에는 중앙 멕시코 지역에만도 5,500만 명이 살았다고 한다. 그 인구가 50년 후에는 절반 정도로 줄어들었고, 1605년에는 100만 명이 되었다. 하워드 진의 《미국 민중사》는 아메리카 전체에 약 1,500만 명에서 2,000만 명의 인디언이 살고 있었다고 기술한다. 그중 북아메리카, 특히 오늘날 미국의 땅에만 약 500만 명의 인디언이 살았던 것으로 추정한다. 당시 우랄산맥 서쪽 전 유럽의 인구보다 더 많은 원주민들이 살고 있었던 것이다. 그러나 2010년의 인구조사에 따르면 지금 미국에 사는 인디언은 약 200만 명으로 미국 전체 인구의 1%가 안 된다. 그나마도 19세기 말 25만 명 정도였던 것을 생각하면 엄청나게 증가한 것이지만….

19세기 북아메리카 인디언

인디언은 백인 욕망의 방해물

이쯤에서 궁금한 게 있다. 수천 년 동안 부족을 일구며 북아메리카 초원을 누비던 인디언들이 어떻게 고작 두어 세기 만에 500만 명에서 25만 명으로 줄어들었는가 하는 것이다. 남아메리카나 중앙아메리카의 잉카인이나 마야인처럼 유럽인들이 일부러 퍼뜨린 전염병에 몰살된 것일까? 물론 일부러 전염병을 퍼뜨린 일이 아예 없었던 것은 아니다. 1763년 펜실베이니아의 피트요새에서 영국군 장군 앰허스트 장군이 인디언을 해충으로 규정하고 천연두를 퍼뜨리라고 명령했고, 살아남은 인디언들은 총으로 사살해버렸다. 하지만 인디인 인구의 급감은 전염병보다는 이주민들의 특성에 그 원인이 있었다.

유럽인들은 1607년과 1620년 사이에 이주를 시작했다. 17세기 후반에 들어서는 그 수가 폭증해서 1700년에 이르러서는 북아메리카에 사는 백인인구가 25만 명가량으로 증가했다. 그런데 중남미가 황금을 찾아 남성 혼자 이주한 것과 달리 북미의 대부분은 종교의 자유, 그리고 부를 찾아 가족과 함께 이주한 이들이었다. 남성 혼자 이주한 이들은 정착을 목적으로 하지 않는다. 그들의 목적은 오로지 황금이었고, 황금을 찾은 후 유럽으로 돌아가 떵떵거리며 살기를 희망했다. 반면 가족을 동반한 이주민들은 돌아갈 생각이 없었다. 그들이 원한 건 정착할 수 있는 땅이었다. 그러나 땅문서는 없었지만 그 땅에는 인디언이라는 주인들이 있었다.

처음에는 인디언들로부터 땅을 구매하고자 했다. 그러나 애당초 돈, 화폐에 익숙지 않은 이들에게 통할 방법이 아니었다. 그러자 유럽산 물품과 총을 거래하면서 인디언들에게 소위 자본주의의 돈맛을 알게 했고, 그런 다음 토지거래를 유도했다. 물론 그 거래는 기만으로 가득 찬 강도짓이었다. 인디언들에게 술을 먹여 판단력을 흐리게 하거나 영어로 된 문서와 협박·감언이설로 서명을 강제했던 것이다. 그들의 서부개척사는 '땅뺏기 놀이의 역사'였고, 회유·매수·위협으로 땅을 빼앗은 '강점强占의 역사'였다. 그리고 이는 '인디언 멸망사'의 다른 이름이기도 했다. 결국 뺏고자 하는 자와 지키고자 하는 자 사이에 충돌이 일어났고, 뺏고자 하는 자와 지키고자 하는 자와의 충돌 속에서 지키고자 하는 자의 몸부림은 뺏고자 하는 자의 총탄 앞에 외마디 비명으로 흩어졌다. 심지어 부를 축적한 백인들은 정부를 압박해 인디언을 몰아내는 데 정식 군대까지 동원케 했다. 이로써 땅 싸움이 인종 간 전쟁으로 확대되었다.

인종청소를 지휘한 미국 대통령

앤드루 잭슨이 1828년 대통령에 당선되면서부터 인디언들은 더욱 가혹한 상황과 마주해야 했다. 앤드루 잭슨은 영미전쟁 때 뉴올리언스전투[1815]에서 영국군 2,037명을 전사시킨 전쟁영웅이었다. 전쟁이 끝난 후에는 군대와 민병대를 이끌며 인디언이 영국군으로부터 지원을 받아 미국군을 뒤에서 괴롭혔다는 이유로 인디언 토벌에 앞장섰고, 그로 인해 얻은 대중적 인기를 등에 업고 대통령으로 당선되었다. 이제 그는 자신을 대통령으로 만들어준 백인들의 기대에 보답해야 했다. 결국 그는 인디언과 흑인을 희생양으로 삼아 영토확장과 국력증강에만 골몰하는 백인 정착민들의 전쟁국가를 만들었다. 특히 조지아주에서는 체로키족의 존재를 원천적으로 지우려 했다. '인디언 강제이주법'이라는 합법을 가장한 인종청소를 통해서였다. 인디언이주법은 조약으로 인디언 이주를 허용하는 법률이었는데, 북부

미국 제7대 대통령 앤드루 잭슨
(재임 1829~1837)

223

300여 명의 수우족 인디언 학살현장
(1980.12.29. 운디드 니의 학살)

'눈물의 길' 표지판

출신의 양심 있는 의원들의 반대에도 불구하고 연방의회에서 근소한 표차로 통과되었다. 물론 공식적으로나 이론적으로나 인디언들의 이주는 '자발적'이어야 했다. 하지만 실상은 이주를 거부하면 연방조약을 파기한 것으로 간주하여 보호 및 연금을 박탈했고, 무력으로 압력을 행사했다. 그 결과 약 10만 명에 이르는 인디언들이 전염병이 창궐하는 한여름과 겨울 추위 속에서 9개주에 걸친 총 3,540킬로미터를 걸어 미시시피강 서쪽으로 이주했다. 훗날 사람들은 이 길을 '눈물의 길Trail of Tears'이라고 불렀고, 이때의 참상을 잊지 않기 위해 미국 의회는 1987년 이 길을 '눈물의 길 역사의 길'로 지정했다.

미국은 지금도 서부개척 때 인디언들과의 충돌을 빛나는 전투, 위대한 개척으로 자랑한다. 가혹한 인종차별과 홍건한 피의 학살을 외면한 자화자찬이다. 그러나 100년도 더 된 일이라고 겸연쩍어할 수만도 없다. 미국의 인종차별이 어제의 일만이 아니기 때문이다. 2020년 5월 미네소타주 미니애폴리스에서 비무장 흑인 남성이 백인 경찰의 과잉진압에 목숨을 잃은 것만 봐도 그렇다. 코로나19 이후 무차별적으로 이루어지고 있는 동양인을 향한 총격이나 폭행도 그렇다. 그럼에도 미국은 자국 내에서 벌어지고 있는 인권문제도 해결하지 못하면서 세계경찰임을 자처하며 온갖 세계의 분쟁에 개입하고 있다. 이란문제나 팔레스타인문제, 그리고 시리아까지 개입하지 않는 곳이 없다. 제 눈에 박힌 들보를 어찌하지 못한다는 말이 이만큼 딱 들어맞기도 쉽지 않겠다.

세금을 내느니
수염을 자르겠다

어느 시대, 어느 나라나 정부와 여당은 세금을 올리려 하고, 야당과 시민들은 이에 반대한다. 과거 왕정에서야 왕실의 소비규모를 충당하기 위해 세금을 인상했기 때문에 이해할 법하지만, 복지국가를 표방하는 현대국가에서 그 혜택이 국민에게 돌아감에도 불구하고 미세한 조정만 해도, 아니 세금이라는 말만 나와도 민심이 크게 요동치니 씁쓸하고도 갸웃해지는 일이긴 하다. 이 때문에 우리 정부는 그동안 경제발전이라는 미명하에 각종 세제혜택을 받아온 상위의 대기업과 고소득자로 증세대상자를 한정하는 방안을 내놓고 있다. 받은 만큼 베풀고, 번 만큼 세금을 내라는 것이다. 물론 여당일 때에는 대통령령 같은 시행령으로 세금을 인상했으면서 야당이 되자 태도를 바꿔 "법인세를 올리면 기업의 부담만 가중된다"며 증세를 반대하는 정당도 있어 이마저도 쉽지는 않아 보인다. 증세는 반대하면서도 자기 지역구 예산 늘리는 데는 혈안이라는 게 문제지만….

변혁으로 이어진 세금에의 저항

아무튼 세금은 인류문명이 시작된 이래 늘 존재해왔다. 하지만 여전히 예민한 사안이다. 때문에 근대에 와서는 헌법으로 형벌권과

마그나카르타 서명 : 1215년 영국 귀족들이 폭정에 분노하여 왕의 권한을 제한하고 국민의 자유와 권리를 보장하는 대헌장을 만들고 존 왕에게 서명을 강요했다.

더불어 군주의 징세권을 제한했다. 그 최초의 법안이 헌법의 기원이 된 영국대헌장 마그나카르타Magna Carta다. 이에 따르면 왕이라도 귀족 동의 없이 세금을 부과하지 못한다. 한편 증세의 결과가 단순히 민심이 동요하는 것에 그치지 않고 구체제를 없애거나 지배세력을 교체하는 식의 혁명이나 민란으로 이어지기도 했다. 영국의 설탕세 인상에 반기를 들어 독립의 길을 걸은 미국이나 왕실의 낭비를 메우기 위한 증세로 대혁명의 길을 걸은 프랑스가 바로 그 예다.

1811년 평안도 홍경래의 난을 시작으로 민란이 전국으로 확산한 데는 근본적으로 가혹한 징세에 그 원인이 있었다. 19세기 조선의 세금은 양반과 노비를 제외한 평민에게만 부과되었다. 다섯 가구를 하나로 묶어 그중 세금을 못 내는 집이 있으면 나머지 가구가 충당하도록 하는 오가작통제는 그러잖아도 힘겨운 삶을 더 고통스럽게 했다. 심지어 이렇게 거두어진 세금은 왕실이나 조정이 아닌 외척들의 창고를 채웠다. 또 관직의 높낮이는 능력이 아니라 외척에게 바치는 뇌물의 액수에 따라 정해졌다. 그래서 중앙으로 진출하고 싶었던 지방관리들은 고을사람들의 뒤주를 뒤져 뇌물을 마련했다. 결국 공평하지 않은 가혹한 징세가 민란으로 터진 것이다.

오줌세, 창문세, 모자세, 수염세

　비난과 후과가 따르기는 하지만 확실히 증세는 권력을 가진 입장에서는 절대 포기할 수 없는 유혹이다. 그래서 역사적으로 많은 정치가들이 민심을 자극하지 않으면서도 더 많은 세금을 거둬들일 수 있는 다양한 증세안을 고안해냈다. 기원전 2800년경 고대이집트는 오줌이 표백제로 인기를 끌자 오줌에 세금을 매겼고, 기원전 90년경 로마 황제 베스파시아누스는 세탁업자가 세탁용으로 사는 오줌에 세금을 부과했다. 영국은 17세기에는 고급주택에 창문이 많다면서 창문 숫자를 기준으로 세금을 거뒀고, 18세기에는 모자가 남성의 품위를 표현하는 필수품이 되자 모자세를 징수했다. 그전에는 벽난로에 부과한 벽난로세^{화로세}도 있었다. 대혁명 이후 프랑스도 주택이 비쌀수록 창문 폭이 넓다는 것에 착안해 유리창의 폭을 기준으로 하는 창문세를 부과했다.

창문세를 피하려고 벽돌로 막아버린 창문

세금으로 일석이조의 효과를 거둔 이도 있었다. 러시아의 황제 표트르 대제재위 1682~1725다. 적극적 성격의 소유자였던 황제는 당시 러시아가 유럽에 비해 경제적으로 뒤쳐져 있다고 판단해 1703년 수도를 모스크바에서 항구도시인 상트페테르부르크로 옮겨 유럽의 문물을 받아들이는 창구로서의 역할을 담당하게 만들었다. 그리고 자신은 물론 신하들의 수염까지 깎아버렸다. 유럽여행으로 서유럽에 비해 러시아가 근대화에 늦었다는 것을 확인한 그는 서구화의 첫 단추를 수염을 깎는 것으로 생각했다고 한다. 또한 치렁치렁 거추장스러운 옷을 유럽식으로 바꾸라고 지시했다.

거리에서 수염을 자르고 있는 러시아 시민들

하지만 귀족들은 황제의 지시에 굴욕감을 느꼈다. 슬라브인들은 전통적으로 긴 수염을 하늘이 준 것으로 여겼기 때문이었다. 저항은 거셌다. 그러자 황제는 수염을 허용하되 수염에 세금을 매겨버렸다. 수염세[1698]였다. 수염을 기르기 위해서는 직업별로 차등적인 세금을 내야 했는데, 농부는 1코펙, 도시민은 30루블, 상인은 60루블, 귀족은 100루블을 내야 했다. 또한 수염세를 납부한 이들은 '세금납부필증' 목걸이를 항상 휴대해야 했다. 표트르 대제는 수염세를 관리·감독하기 위해 특별감시기구까지 두었다. 그리고 그 재원으로 영토확장전쟁에 몰두했다. 그 덕분에 러시아는 강대국 반열에 올랐지만, 그 탓에 러시아 국민들의 생활은 피폐해졌다. 그러나 어쨌거나 러시아에서 수염을 기른 남성들은 사라졌다. 전통이나 신념보다는 세금이 더 무서웠던 것이다. 그래서 말인데, 만약 1895년 상투에 세금을 부과했다면 조선의 단발령이 실효를 거둘 수도 있지 않았을까?

로마노프왕조의 표트르 대제

제주는 올해도
4월에 향불을 사른다

2019년 2월 28일, 제주4 · 3사건과 관련해 희생자 28명과 유가족 1,608명이 추가로 인정되었다. 이는 제주4 · 3사건 70주년을 맞았던 2018년에 그 역사적 의미가 재조명되고 정부 및 지방자치단체에서 진상규명 및 희생자 명예회복을 위해 1년간 자발적인 추가신고를 받고 8차에 걸쳐 심사한 결과였다. 그중 인정 희생자 28명은 사망자 21명, 행방불명자 3명, 후유장애자 3명^{고문 피해 2명 포함}, 당시 불법 군사재판에 의해 옥고를 치른 피해 수형자 1명으로 확인되었다. 이로써 제주4 · 3중앙위원회가 인정한 제주4 · 3사건의 희생자는 1만 4,261명, 유족은 6만 1,035명이 되었다.

이들 희생자들이 민간인이었다는 것을 생각하면 실로 어마어마한 숫자다. 그러나 제주4·3사건을 연구해온 전문가들은 이는 일부일 뿐이라고 말한다. 과거 이승만정권과 이후의 군사정권이 4·3사건을 남로당의 지령을 받은 '빨갱이'들이 '국가전복을 기도한 반란'으로 규정했고, 이로 인해 제주도민들이 희생자로서 신고 및 신청을 기피할 수밖에 없었기 때문이다. 그래서 이들 전문가들은 제주의 제사가 4월에 집중되어 있는 점, 특정 마을에서는 합동제사가 이루어지는 점 등을 고려해 희생자의 수가 대략 3만 8,000명이 이를 것으로 추산한다. 한국근현대사와 동아시아 국제관계를 전공한 미국의 역사학자이자 시카고대학의 교수인 브루스 커밍스는 4·3사건 당시 임관호 제주도지사가 미국 정보국에 전달했다는 문서를 토대로 희생자가 6만 명이 넘을 것이라고도 했다. 2003년 10월 15일 대한민국정부가 확정했던 '제주4·3진상조사보고서'에 따라 희생자가 3만여 명이라고 해도 이는 당시 제주도 인구의 9분의 1에 해당하는 수다. 민간인 희생 외의 피해도 컸다. 이승만정권이 주도한 강경진압작전으로 제주도 중산간 마을 95% 이상이 불타 없어졌으며, 가옥 3만 9,285동이 소각되었다.

3·1절 기념행사가 4·3으로

제주도 비극의 발단은 4·3사건 1년 전인 1947년 3월 1일로 거슬러 올라간다. 3·1절 기념 제주도대회가 끝난 뒤 가두시위 도중이었다. 기마병에 의해 어린아이가 채이는 일이 일어났다. 이에 군중은 격하게 항의했고, 경찰은 군중들을 향해 발포함으로써 민간인 6명을 사망케 하고 6명에게 중상을 입혔다. 희생자 6명 중 5명은 등에 총을 맞고 사망했다. 과잉진압이었던 것이다. 군중들은 3월 10일부터 중앙정부에 공식적인 사과를 요구했다. 하지만 경찰과 미군정은 이를 '경찰서 습격사건'으로 규정하고 시위하는 군중들을 강하게 몰아붙였다. 혼란은 1년을 넘어 계속되었고, 결국 이듬해 4월 3일 새벽 2시 즈음에 참다못한 제주민들이 각지의 오름에 민중봉기를 예고하는 봉화를 피워 올렸다.

그날은 제헌국회 구성을 위한 국회의원을 뽑는 5·10총선거를 한 달 정도 앞두고 있던 때였다. 남한단독정부 수립이라는 과제 앞에서 가급적 사태를 빨리 수습하고 싶었던 미군정으로서는 달갑지 않은 상황이었다. 그래서 4월 3일의 생존과 인권을 위한 민간인들의 봉기를 '빨갱이들의 선동으로 이루어진 무장폭동'으로 규정하고 미군과 우익청년단체를 파견해 광적인 진압작전을 펼쳤다. 도중에 평화를 위한 협상도 이어졌지만 경찰의 거짓폭로와 이간질로 끝내 성과를 거두지 못했다.

제주도를 방문해 군경토벌대 앞에서 연설하는 이승만 전 대통령

1948년 8월 15일 수립된 남한단독정부의 이승만도 제주도 문제에 종지부를 찍고 싶었다. 1년 전까지만 해도 대한민국 임시정부의 주석이었던 김구 선생이 남한단독정부 수립에 반대하고 남북협상을 이어가고 있었기 때문이기도 했고, 제주의 문제가 전국적으로

확산될 경우 정권에 위협이 될 것이기 때문이었다. 결국 10월 17일 제주도에는 '해안선 5킬로미터 이외 지역에 통행금지령을 내리고 그곳에 있는 사람은 폭도로 간주해 총살한다'는 포고령이 내려졌다. 이는 중산간 마을 거주민 모두를 적으로 간주한 것이었다. 군경토벌대는 포고령을 근거로 해안을 통제하고, 언론에 재갈을 물리면서 제주도를 완전히 고립시켰다. 여기에 10월 19일 여수와 순천에서 일어난 이른바 '여순반란사건'은 정권의 위기의식에 부채질을 더했다.

11월 중순부터는 초토화작전이라는 이름 아래 중산간마을을 돌아다니면서 닥치는 대로 주민들을 학살하고 마을에 불을 질렀다. 마을 주민들을 모아놓고 한꺼번에 총을 쏘아대고는 '관광총살'이라고 시시덕거리기도 했다. 이때 군경토벌대는 주민들을 대상으로 사격연습을 벌이기도 했다. '영아 살해'도 있었다. 그렇게 마구잡이로 학살된 사람들은 토벌대에 의해 모두 '사살된 폭도'가 되었고, 학살행위는 '공적'으로 치하되었다. 이념과 상관없이, 토벌대 마음에 들지 않는다는 이유로, 마구잡이로 죽임을 당해야 하는 미쳐버린 세상은 1954년까지 이어졌다.

토벌대에 의해 검속되어 총살을 기다리고 있던 제주도민

마을을 버리고 중산간으로 피신하는 민간인들

제주의 쉰들러

총살명령에 항명했던 문형순 성산포
경찰서장

무차별 학살에 대한 지령은 일선 경찰서에도 전달되었다. 1950년 한국전쟁 중에 내려진 '예비검속자 총살집행 명령서'가 그것이었다. 수사도 재판도 없이 죽이라는 명령서였다. 살인면허나 다름없었다. 실제로 많은 이들이 예비검속에 걸려 총살되었다. 상당수의 제주도민들이 시장에 갔다가, 마실에 나섰다가, 그도 아니면 그냥 집에 있다가 끌려가 죽임을 당했다. 정권이 말하는 폭동과 아무 상관없는 학살이었다. 물론 이 명령이 부당하다며 거부한 사람도 있었다. 독립운동가 출신이었던 문형순 성산포경찰서 서장이 바로 그 사람이다. 문 서장은 한국전쟁 중 서슬 퍼런 계엄군의 명령에 항명했다. 자신의 관할 지역인 성산포에서 예비검속된 이들을 총살하는 대신 자수를 권유한 후 훈방조치한 것이다. 그 덕분에 읍면별로 수백 명씩 죽임을 당했던 다른 지역의 상황과 비교해 성산면 지역은 예비검속으로 인한 희생이 거의 없었다.

사건이 종결된 1954년 이후에도 제주도는 여전히 감시와 연좌제로 신음했다. 빨갱이가 아니라는 것을 증명하기 위해 자원입대를 했고, 제주도민인 것을 숨기고자 사투리를 버렸다. 수업 중 제주 사투리를 쓴 교사는 장학관에게 지적을 받았다. 희생자의 가족은 연좌제를 적용받아 공무원, ROTC나 부사관, 교사 등 공직에 진출할 수 없었다. 사관학교 등 각종 입학시험과 취직·승진에 불이익을 받았고, 심지어 해외로 출국하는 것도 불가능했다. 극심한 레드컴플렉스는 이들을 정치적 보수로 만들었다. 일제강점기 어느 곳보다 진보적이었고 많은 독립운동가를 배출해 '항쟁의 도시'로 불렸던 대구가 2·28민주운동[1960]과 인민혁명당사건[1964]을 빌미로 한 박정희정권의 대대적인 탄압에 보수의 성지가 된 것과 맥을 같이한다.

70여 년 만인 2021년 3월 16일, 제주지법은 제주4·3사건의 재심에서 내란실행, 국방경비법 위반 등의 혐의로 군사재판을 받은 수형인 333명 및 일반재판에 회부되어 형무소에 수감되었던 생존 수형인 2명 등 총 335명 전원에게 무죄를 선고했다. 앞으로도 4월이면 많은 제주의 집들에서는 향불이 오르겠지만 이번 판결이 작으나마 위로가 되기를 바라본다.

권력 옆에서
권력을 탐한 친위부대

〈이즈미르 거리의 예니체리 순찰대〉(1831), 알렉상드르 가브리엘 드캉프

1979년 10 · 26사태 직후 보안사령관^현 ^{기무사령관}은 중앙정보부장

^{현 국정원장} 서리까지 겸임하면서 국내 모든 정보를 통제했다. 그리고

12 · 12군사반란으로 군부를 장악한 후 1980년 5월 광주시민들을

학살하고 스스로 대통령이 되었다. 그 보안사령관이 바로 내란죄로

사형수가 되었던 전두환이다. 지금으로 말하면 기무사령관이 쿠데

타를 일으켜 권력을 잡은 셈이다. 그런 수장을 두었던 국군기무사

령부^{기무사}가 또다시 쿠데타를 계획하고 실행하려 했다는 의혹을 받

고 있다. 2016년 부패와 무능에 저항한 촛불시민들을 탱크와 전차

로 짓밟고, 국회를 무력으로 진압하려 계획했다는 것이다.

기무사는 방첩을 목적으로 창설된 특수부대다. 한국전쟁 당시 육

군특무부대라는 명칭으로 시작되었지만, 이후 문제가 될 때마다 그

명칭만 바꿔왔다. 그러면서 방첩이라는 본래의 목적을 잃고 독재자

의 친위부대를 자처해왔다. 독재 · 군사정권을 위해 간첩사건을 조

작해 무고한 사람들의 인생을 짓밟았고, 국민을 잠재적 범죄자로

보고 불법으로 사찰했으며, 부패정권의 수호자로서 그들의 비리를

감추는 데 국력을 소비했다. 그런데 박근혜-최순실 게이트로 국정

이 사실상 마비된 2016년 11월 18일, 제1야당이었던 더불어민주당

의 추미애 대표가 계엄령이 준비되고 있다고 주장하면서 기무사는

다시 한 번 논란의 중심에 섰다. 헌법재판소에서 탄핵이 기각될 경우 계엄령을 선포하고 군을 동원해 국회와 광화문을 봉쇄한 후 국회의원과 국민들을 체포한다는 계획이었다. 그러나 문건 일부가 드러나고 증언이 있었음에도 사건 당사자인 당시 기무사령관 조현천의 해외도피와 검찰의 미온적 태도로 수사는 차일피일 미뤄졌다. 그러다 2019년 '계엄령 문건'사건으로 기소된 전 국군기무사령부 참모장 등 3명이 국방부 보통군사법원에서 무죄를 선고받으면서 박근혜청와대가 합세한 '촛불 무력진압', '친위쿠데타', '내란음모'는 실체가 없었다는 식으로 종결되어가는 듯했다.

아니, 종결되는 줄 알았다. 그런데 반전이 일어났다. 2021년 4월, 촛불정국 때 여당으로서 탄핵에 동참했던 김무성 전 의원이 언론사와의 인터뷰를 통해 계엄령 계획이 실재했음을 밝힌 것이다. 2022년 대통령선거를 앞두고 당 내 친박계들이 '탄핵불복' 움직임을 보이고 있는 것에 대한 정치적 견제일 테지만, 발언의 이유는 둘째 치고 기무사가 오스만제국 불패의 친위부대 예니체리들처럼 움직였다는 것은 이제 부인하기 어렵게 되었다.

유럽을 떨게 한 술탄의 친위부대

'예니체리'란 본래 튀르크어 '예니셰'에서 유래한 것으로 '새로운 군대'를 뜻한다. 그 뜻처럼 예니체리는 오스만제국 제2대 술탄 오르한 1세재위 1326~1361 때 정예 보병부대 겸 술탄의 근위대로 창설되었다. 제국 초기 불안한 정세 속에서 권력자를 보호하고 권력자의 칼로서 여전히 도사리고 있을 반대세력을 견제하기 위한 친위부대였다.

예니체리들은 제국이 정복한 지역, 특히 발칸반도 내 크리스트교 집안 출신으로 소년 시절에 강제징집되어 이슬람교로 개종을 강제당한 이들이었다. 이렇게 모인 소년들은 제국이 관리하는 궁성학교에서 엄격한 훈련과 교육을 받았다. 이슬람과 튀르크의 전통을 익히고, 엄격한 신

예니체리 군악대 '메흐테르'

체훈련과 각종 무기를 다루는 기술을 배웠다. 또한 알라와 술탄 이외에는 어느 누구에게도 복종하지 않도록 교육받았다. 그런 과정을 모두 통과한 다음에야 예니체리 부대로 편성될 수 있었다.

예니체리들은 평상시에는 수도의 경비를 맡았다. 그리고 전쟁이 나면 술탄의 최정예부대로서 술탄과 함께 참전하여 무용을 떨쳤다. 실제로 예니체리는 오스만제국 전성기 시절 수도의 치안유지에 없어서는 안 될 존재였다. 때문에 그들에 대한 대우 역시 특별했다. 특히 수염을 덥수룩하게 길러야 했던 일반적인 무슬림들과 달리 콧

음식을 향해 달려드는 타락한 예니체리

수염만 기를 수 있는 특권도 있었다. 이는 그들에게만 지급된 특별한 군복과 함께 다른 이들과 구분짓는 일종의 신분패 역할을 했다. 반면 특권이 있었던 만큼 금지되는 것들도 있었다. 병영 밖에서 살수 없다는 것, 평생 미혼으로 살아야 한다는 것이 그것이었다. 길이 막히면 다른 길을 길을 찾기 마련이듯 사적 욕망을 저당잡힌 그들은 다른 것을 욕망할 수밖에 없었다. 그리고 그것은 정치와 권력으로 표출되었다. 제국이 안정되어 갈수록, 전쟁터가 줄어들수록, 그래서 병사로서의 역할이 줄어들수록 그들은 더 높은 지위, 더 높은 권력을 욕망했다.

권력을 잡으려다
역사 속으로 사라지다

권력의 주변에서 힘을 갖게 되자 예니체리들은 자신들에게 씌인 굴레를 벗기로 했다. 자신들에게 주어진 권력으로 예니체리의 결혼을 허용했다. 또한 지위세습을 가능하게 했다. 결혼으로 자식을 갖고 그 자식에게 지위를 세습할 수 있게 되자 그들이 찾은 새로운 욕망은 돈이었다. 이제 예니체리는 특권을 지키고 세력을 불리는 데 혈안이 된 이익집단이 되었다. 상공업에까지 영향력을 행사하면서 마피아나 다름없는 짓거리를 보였다.

권력과 돈에 집착하게 된 병사가 용맹할 수 있을까? 12만 대군을 동원하고도 1621년 폴란드와의 전쟁에서 참패하는 등 예니체리는 16세기에 이미 과거 유럽 전체가 벌벌 떨었던, 용맹하고 잔인했던 그 예니체리가 아니었다. 그럼에도 내부적으로는 여전히 막강한 특권과 영향력으로 정부를 장악하고 사기들 입맛에 맞는 정책들을 실현시키기 위해, 그리고 군대구조의 현대화를 꾀하려는 시도들을 방해하기 위해 번번이 반란을 일으켰다. 1622년에는 예니체리를 해체하고 군대를 재조직하려던 술탄 오스만 2세재위 1618~1622를 암살했고, 1807년에도 셀림 3세재위 1789~1807를 끌어내리고 마흐무트 2세재위 1808~1839를 술탄에 올렸다. 그리고 자신들의 손으로 세운 마흐무트 2세가 군대개혁을 시도하자 또다시 반란을 일으켰다[1826]. 하지만 이번에는 술탄의 포병에 밀리고 말았다. 결국 반란군 예니체리들은 전투 중에 죽거나 붙잡혀 모조리 처형당했다.

대한민국헌법과 관련 법률에 따라 모든 형태의 계엄은 육·해^{해병}^{대 포함}·공 3군의 작전지휘권을 가지고 있는 합동참모본부^{합참}에서 주도하며, 그 주무부서는 합참 민사처의 계엄과다. 당연히 계엄법에 따라 합참의장이 계엄사령관을 맡는다. 또한 주무부서인 합참의 계엄과는 2년마다 정기적으로 '계엄실무편람'을 작성한다. 만약 대한민국정부에 계엄의 필요성이 발생했다면 군은 당연히 '계엄실무편람' 매뉴얼에 따라 계엄령을 발동하고 부대를 움직여야 한다. 기무사의 임무에는 계엄이 포함되어서도 안 되고, 될 수도 없다. 그럼에도 2016년 기무사는 합참을 배제한 계엄령을 계획했다고 한다. 이 외에도 세월호 유가족과 국회의원을 사찰하고 청와대에 보고한 의혹도 받고 있다. 정권의 친위부대 역할을 하고 있었던 것이다. 이들의 계엄령 계획이 친위쿠데타로 불리는 이유다. 200여 년 전 예니체리, 전두환의 신군부, 미얀마 현 군부 모두 친위세력이었고, 모두 권력의 맛을 본 이들이었다. 하지만 대부분 진압되어 역사 속으로 사라졌으며, 일부는 여전히 국민적 저항에 직면해 있다. 쿠데타에 대한 처벌, 결국 시간의 문제 아닐까?

마약장사로 세운
공룡은행

2017년 90조 원대 러시아 범죄사금이 2010년부터 5년간 밀반출되었다는 정황이 포착되었다. 그런데 이 범죄자금을 세탁해준 글로벌 주요 은행 중에 홍콩상하이은행HSBC이 있었다. 2012년에도 HSBC는 미국 상원 보고서를 통해 검은돈 중개와 세탁이라는 불법적 민낯을 드러낸 적 있다. 이때 HSBC는 뼈아프게 반성한다며 환골탈태를 약속했다. 그러나 딱 5년 만에 또다시 문제은행임을 스스로 증명하고 말았다. 심지어 2017년 러시아 범죄자금 세탁이 2012년 전부터 이루어졌으며, 그 후로도 이어졌다는 것 때문에 비난의 강도는 더 셌다. 앞에서만 용서를 구했을 뿐 뒤로는 여전히 더러운 짓거리를 이어갔다는 증거가 드러난 것이었으니까.

HSBC는 한때 '포브스' 기준 세계 1위까지 올라간 메이저 은행이다. 명실상부 금융공룡이었다. 그러나 2000년대 들어 2012년 테러조직 알카에다 및 마약조직의 검은돈 중개와 세탁, 금융제재 대상국 지정을 무시한 채 고수익을 목적으로 한 북한·이란·쿠바·수단·리비아 등과의 거래, 2017년 러시아 범죄자금 밀반출 등 굵직한 금융범죄와 연루되면서 세계적 지탄을 받고 있다. 전문가들은 이를 조직 내부에 만연한 도덕 불감증 탓이라고 말한다. 금융윤리는 증발하고 법이나 도덕이 있어야 할 자리를 돈을 중시하는 문화가 메웠다는 것이다. 하지만 이 은행에 지금은 사라졌다는 금융윤리나 법이나 도덕이 애초에 존재하기는 했었는지 의문이다. 그 태생부터 윤리와 법과 도덕과 무관했다는 것을 생각하면 오늘날의 비리가 딱히 놀랍지 않기 때문이다.

HSBC 설립자 토마스 서덜랜드의 캐리커처(1887)

아편으로 청을 병들게 하다

청나라에 마약을 공급하는 열강들을 풍자한 프랑스 만평

HSBC의 탄생에는 1840년에 발발한 아편전쟁이 있었다. 당시 양귀비에서 추출한 마약인 아편은 청나라에게는 몰려들던 외세보다 더 큰 골칫거리였다. 인도에서 재배한 아편이 청나라에 밀수출되면서 청나라 내 아편 중독자가 1,000만 명을 넘을 정도로 급증했기 때문이다. 또한 중독자가 늘어나는 만큼 청나라의 은이 국외로 빠져나갔다. 아편의 거래수단이 은이었기 때문이다. 늘어난 중독자의 수만큼 노동력도 줄었다. 경제가 돌지 않았다. 정부 곳간도 바닥을 보였다. 결국 청나라 조정은 영국정부에 아편 밀수출을 금지시켜 달라고 수차례 요청했다. 하지만 헛수고였다. 영국은 청나라의 재정이 바닥이 나든 말든 청나라 국민이 아편이 찌들어 죽든 말든 관심 없었다. 애초에 고수익에 눈이 먼 영국이 들어줄 리 없는 요청이었다.

결국 청나라 조정은 극약처방을 내놓았다. 임칙서를 시켜 아편 2만여 상자를 빼앗아 불태우거나 폐기해버린 것이다. 하지만 손 놓고 앉아 제 돈줄을 빼앗길 영국이 아니었다. 제 나라 상인을 보호한다는 미명하에 선전포고도 없이 힘으로 대응했다. 아편전쟁이 터진 것이다. 청나라는 무기력했다. 두 차례 전쟁에서 완패했고, 그 결과로서 굴욕조약을 맺었다. 바로 난징조약이다. 조약에 따라 청나라는 아편 수입을 허용해야 했고, 개항과 더불어 홍콩·주룽 반도를 외세의 손에 내줘야 했다. 이른바 할양, 즉 영토의 일부이나 그 주권은 영국에게 넘어간 것이다. 그 결과로 1997년 중국에 반환될 때까지 근 150년간 홍콩은 영국 땅이었다.

아편을 처분하는 임칙서(19세기)

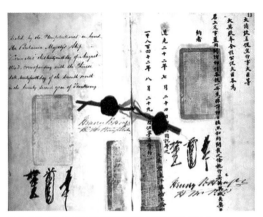
중국 근대 최초의 치욕적 불평등조약(난징조약)의 서명서

아편으로 빼앗고, 그 돈으로 세운 은행

HSBC는 아편전쟁 종전 5년 만인 1865년 홍콩에 세워졌다. 물론 설립자본은 인도산 아편의 교역으로 생긴 돈이었다. 설립자는 아편 수송회사 중역이었고, 설립을 지원한 자는 아편무역을 주도한 자였다. HSBC가 아편전쟁의 전리품이라는 말이 생긴 이유다. 태생 때문이었을까? HSBC는 이후로도 마약사범이나 테러범, 테러리스트, 독재자 등과 최상의 궁합을 자랑했다. 소말리아의 해적자금을 세탁했고, 베트남전쟁 때에는 헤로인 밀매자금을 거래했다.

2017년 HSBC는 창립 152년을 맞아 순혈주의 전통을 깨고 외부 인사를 회장에 앉혀 돈세탁은행이라는 이미지를 개선하겠다는 의지를 보였다. 하지만 180년간 맛봐온 검은돈의 쏠쏠함을 끝까지 외면할는지는 장담할 수 없다.

최근 마약 청정국의 지위를 유지하던 우리나라에 마약과 관련된 더럽고 추잡한 사건들이 줄을 잇고 있다. 죄질도 그렇거니와 더 경악하게 하는 것은 청년들이 마약에 취했다는 점이다. 과거 중국은 대륙을 갖고도 마약에 취해 외세에 짓밟혔고 영토마저 빼앗겼다. 현재 콜롬비아는 '마약의 천국'이라는 불명예 속에서 폭력과 살인의 위험을 상시 안고 살아가고 있다. 필리핀의 경우 정부가 마약과의 전쟁을 선포했음에도 잡아들이는 마약사범의 수에 비해 실제 거래량이나 중독자 수는 줄어들지 않고 있다. 마약이 무서운 건 나 자신만이 아니라 사회, 나아가 나라도 병들게 만든다는 점이다. 세상에는 그런 병든 자와 병든 국가를 노리를 HSBC 같은 글로벌 하이에나가 얼마든지 있다는 것을, 그리고 일단 그들의 먹잇감으로 포착되면 헤어 나오기 어렵다는 것을 잊지 않았으면 좋겠다.

당근은
당근색이 아니었다

4월로 접어들면 매화와 개나리로 시작한 꽃의 향연이 벚꽃으로 만개했다가 영산홍으로 흐드러진다. 눈과 코가 즐거운 봄이라고 한다. 하지만 그 눈과 코 때문에 봄이 반갑지 않은 사람들도 있다. 알레르기가 있는 사람들이다. 바람에 실린 꽃가루와 황사, 미세먼지로 눈물에 콧물에 기침까지 정신이 하나도 없다. 코와 입은 마스크로 얼추 가린다지만 눈은 도리가 없다. 하루 종일 모니터만 들여다보는 사무직이나 요즘처럼 핸드폰 들여다보는 시간이 많은 경우에는 건조함으로 인한 뻑뻑함까지 더한다. 나가면 눈물, 안 나가면 뻑뻑한…, 어디에 있든 편치가 않다. 이때 의사는 약 처방을 하면서 한마디를 더 보탠다. 눈에 좋은 음식도 먹어보란다. 당근 같은….

당근은 우리 몸에서 비타민A로 전환되는 항산화물질 카로티노이드 Carotenoid의 일종인 베타카로틴 β-Carotene이 풍부해서 안구건조증 예방에 좋은 식품으로 알려져 있다. 고대그리스와 고대로마 때부터 식용으로 애용된 만큼 오랜 역사도 가지고 있다. 원산지는 오늘날의 아프가니스탄 일대인데 로마와 함께 유럽 서쪽으로 퍼져나갔고, 우리나라를 비롯한 동아시아에는 13세기 몽골제국이 유럽을 정벌하러 갔다가 가지고 오면서 퍼졌다. 그런데 이 무렵 당근은 우리가 알고 있는 당근색이 아니었다. 빨간색, 노란색, 보라색, 흰색, 심지어 검은색까지 있었지만 오늘날 당근과 같은 주황색 당근은 없었다.

당근색 당근이 등장한 것은 17세기 네덜란드에서였다. 동양의 자주색 당근과 흰색 당근을 교배시켜 인위적으로 만들어낸 것이었다. 이후 주황색 외의 당근들은 자연스럽게 도태되어 갔다. 네덜란드 농민들이 주황색 당근만 심었기 때문이다. 색깔에서의 참신함도 있었지만, 그보다는 이전의 당근에 비해 단맛이 좋았던 탓이다. 하지만 더 중요한 이유가 있다. 주황색은 독립영웅에 대한 존경심을 표하는 농민들 나름의 표현방식이자 선택이었다.

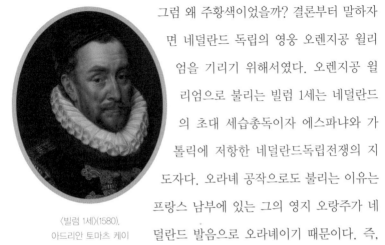

〈빌럼 1세〉(1580),
아드리안 토마츠 케이

그럼 왜 주황색이었을까? 결론부터 말하자면 네덜란드 독립의 영웅 오렌지공 윌리엄을 기리기 위해서였다. 오렌지공 월리엄으로 불리는 빌럼 1세는 네덜란드의 초대 세습총독이자 에스파냐와 가톨릭에 저항한 네덜란드독립전쟁의 지도자다. 오라녜 공작으로도 불리는 이유는 프랑스 남부에 있는 그의 영지 오랑주가 네덜란드 발음으로 오라녜이기 때문이다. 즉, 프랑스식으로는 오랑주 공작, 네덜린드식으로는 오라네 공작인 것이다.

본래 오랑주의 명칭은 로마인들이 켈트족 물의 신 이름에서 따와 붙인 아라우시오Arausio였다. 그러던 것이 고대프로방스어의 영향으로 오레냐Aurenja가 되었고 다시 음의 변화를 겪으면서 오랑주Orange가 되었다. 그런데 마치 운명처럼 중세 때 이 지역 특산물이 바로 오렌지였다. 이 때문에 사람들은 머리 아픈 언어의 기원을 따라가기보다는 즉자적으로 오랑주를 오렌지와 연결시켰다. 빌럼 1세가 오렌지공으로 불리는 것도, 그의 상징색이 오렌지색인 것도 이 때문이다. 그러다 보니 자연스럽게 오렌지색은 네덜란드의 상징으로 자리 잡았고, 네덜란드독립전쟁에서 쓰인 오렌지공의 오렌지색 깃발역시 네덜란드의 상징이 되었다. 지금도 축구, 하키 등 네덜란드국가대표팀 유니폼 색깔은 오렌지색이다. 우리의 붉은 악마와 같은네덜란드 축구 응원단 복장의 색도 오렌지색이다.

독립 후 네덜란드는 금융으로 막대한 부를 축적했고, 그 부로 육종기술 선진국이 되었다. 튤립을 다양하게 개량한 것도, 야생딸기를 지금의 딸기로 개량한 것도 네덜란드다. 당근색 당근도 이런 기술력을 바탕으로 태어났다. 하지만 오렌지공이 독립전쟁에서 조금덜 활약했다면, 그래서 조금 덜 존경받았다면 어땠을까? 지금 우리식탁 위의 당근이 당근색이 아닐 수도 있지 않을까?

시신마저
두려워했다

2018년 12월 27일 국가보훈처 발표가 있었다. 2019년 3·1만 세운동 및 대한민국임시정부 수립 100주년을 맞아 '이 달의 독립운 동가' 13인을 선정했다는 것이었다. '이 달의 독립운동가' 명단은 1992년부터 매년 12명 이상의 독립운동가를 각 월별로 지정하여 발표해온 것이다. 하지만 2019년은 좀 특별한 해였다. 안중근 의사 의거 110주년이 되는 해였기 때문이다. 안중근 의사는 1909년 '단 지동맹'을 맺은 후 같은 해 9월 침략의 원흉 이토 히로부미를 중국 하얼빈역에서 처단하고 현장에서 체포되었고, 다음 해인 1910년 옥중에서 책《동양평화론》을 저술하던 중 사형을 언도받고 한일병 탄 5개월 전인 3월 26일 서거했다.

국권이 회복되거든

"내가 죽은 뒤에
하얼빈공원 곁에 묻었다가
국권이 회복되거든 고국으로 반장해다오."

의거 3일 전 하얼빈의 사진관에서(왼쪽부터 안중근 · 우덕순 · 유동하 의사)

안중근 의사가 옥중에서 면회를 온 두 동생에게 남긴 유언이다.
하지만 100년이 지난 지금까지도 안 의사의 묘에는 유해가 없다.
허묘다. 유해를 찾지 못한 때문이다.

일제는 앞선 1908년 10월 1일 새로운 감옥법을 시행했다. 이 법 제74조에는 '시체·유골의 교부'라는 제목 아래 '사형수의 친족이나 친구가 사체 또는 유골을 요청하면 언제든 교부할 수 있다'고 규정되어 있다. 따라서 일제는 사형집행 후 안정근·안공근 동생들의 교부요청이 있었을 때 당연히 안 의사의 시신을 내줘야 했다. 하지만 일제는 법을 준수할 생각이 아예 없었다. 사형집행 전에는 시신을 인도받기 위해 뤼순에 머물고 있던 안 의사 동생들의 숙소를 무력으로 봉쇄해버렸다. 숙소에서 나오지 못하게 하려는 조치였다. 사형집행 후에는 안 의사의 동생들에게 '시신 불인도 처분'을 통지하면서 사실상 시신인도를 거부했다. 그러고도 불안했는지 대성통곡하는 안 의사의 동생들을 강제로 기차에 태워 빈손으로 귀국시켜버렸다.

뤼순감옥 터 어딘가

일본에는 원한을 품고 죽은 인간이 사후에 재앙을 일으키지 못하게 하고자 신으로 떠받드는 어령御靈이라는, 신앙 같은 미신이 있다. 그만큼 일본인들에게 한이 많은 원혼을 박대하는 것은 위험한 일이고, 큰 재앙을 불러올 수도 있는 일이다. 그런 의미에서 안 의사의 시신은 얼른 내어주는 게 그들 입장에서 훨씬 바람직했다. 그런데도 일제는 제 손으로 만든 감옥법까지 어겨가면서 시신을 숨겼다. 그의 원혼이 초래할 수 있는 재앙보다도 안중근의 시신을 중심으로 조선인들이 단결할 경우 조선강점계획에 차질이 생길 수도 있다는 두려움이 더 컸던 때문이다. 그래서 매장장소까지 은폐하면서 그의 시신이 묻힌 장소가 독립운동의 성지가 될 가능성마저 빼앗아버렸다.

한편 일제가 시신마저도 두려워했던 안 의사를 적극적으로 비난한 이들은 정작 조선인이었다. 1905년 을사늑약에 앞장섰던 이완용을 비롯한 친일파들이었다. 이들은 "온건론자인 이토 히로부미를 죽여 나라를 위태롭게 했다"며 비난했고, 원흉의 장례에 가서 머리를 찧으며 비통해했다. 사실 이들이 안 의사 서거 5개월 후 한일병탄에 적극적으로 협조하고 귀족 작위를 받은 것을 생각하면 그다지 놀라운 일도 아니다. 하지만 비록 탄핵되기는 했어도 임시정부 대통령이었고, 대한민국정부 초대 대통령이었던 이승만이 안 의사들을 '무지한 테러리스트'라고 한 건 이해하기가 좀 어렵다.

왼쪽부터 이봉창 · 윤봉길 · 백정기 의사

1945년 광복 이후 김구 선생과 상해임시정부의 각료들은 만주나 일본 등지에서 일제의 총탄에 서거한 의사, 열사들의 유해를 국내로 송환하는 사업을 벌였다. 그 덕분에 홍커우공원에서 일본의 수뇌부들에게 물통폭탄을 던졌던 윤봉길 의사와 백정기 의사, 일본 한가운데에서 일왕을 향해 수류탄을 던졌던 이봉창 의사의 유해를 국내로 모셔와 효창원에 안장할 수 있었다. 그리고 그 곁에 유해가 없는 허묘를 하나 더 조성했다. 끝내 유해 발굴에 실패한 안중근 의사의 묘였다. 1948년 4월 북한과 공동으로 추진하려 했던 안 의사 유해 조사 · 발굴계획이 끝내 무산되면서 송환은 고사하고 유해도 찾지 못한 때문이었다.

2월 14일은 초콜릿들을 감싼 화려한 포장이 수줍은 마음을 유혹하는 날이다. 집으로 혹은 약속장소로 가는 손에 작은 꾸러미가 들려 있는 것도 익숙한 날이다. 하지만 그날이 안중근 의사가 일제 법원에게 사형을 선고받은 날이라는 것을 기억하는 이들은 많지 않다. 3·1만세운동도 안 의사의 의거도 100년이 지났다. 지금 우리가 누리고 있는 주권국으로서의 지위와 자유는 안 의사를 비롯한 독립운동가들의 정신과 희생을 발판삼은 것이다. 그런 의미에서 일본의 상술이 만들어낸 밸런타인데이에 설레기 전에 잠깐만이라도

기억해보기를 바라본다. 오늘도 뤼순감옥 터 어딘가에서 국권이 회복된 조국으로 돌아갈 날만을 기다리고 있을 주인 없는 묘의 주인을 말이다. 초콜릿과 더불어 하얀 국화 한 송이를 사본다면 더 좋겠지.

안중근 의사 허묘(효창공원)

권력자의 첩은
매물접수처

2020년은 검경수사권 조정과 고위공직자수사처 신설을 둘러싼 검찰 및 섬찰총장발 항명으로 시끄러웠던 해였다. 그중에서도 최고의 화젯거리는 종편 채널A 기자의 거짓증언 회유 및 협박이 아닐까 싶다. 기자가 구속되어 있는 피의자에게 현직 검사장과의 친분을 내세워 '유시민 노무현재단 이사장을 비리로 엮을 수 있게 협조하면 당신 가족은 지키게 해주겠다'며 협박하고 허위증언을 종용한 사건이다. 그러고 보니 또 생각난다. 한명숙 전 총리의 뇌물수수사건이다. 이 사건과 관련해 2020년 가을 한 전 총리의 유죄에 힘을 실어준 증언들이 당시 수사검사들의 회유와 협박에 의한 것이었다는 양심고백이 나왔다. 두 사건 모두 "일단 시키는 대로

해. 나머지는 알아서 할게"라는 식의 불법적 관행이었다는 점에서
똑 닮아 있다. 여기에서 '우리'는 검찰이다. 알아서 한다는 건 증언
만 있으면 기소를 통해 범죄를 만들어내겠다는 것으로 해석된다.
검찰의 능력은 혐의 찾기가 아니라 회유·협박을 통한 증거 만들기
인 걸까, 하는 의심이 들지 않을 수 없다.

가족이라 할 수도, 아니라 할 수도 없는

검찰이 없는 범죄를 만들 때 자주 이용한 수단은 뇌물이었다. 준
사람의 증언만 있으면 되기 때문이다. 혹은 현장을 봤다거나 누구에
게 들었다는 등의 증언만 있으면 되기 때문이다. 예로부터 진짜 뇌
물수수는 대리인을 통해 은밀하게 이루어진 편이다. 그래서 검찰은
대리인을 회유·협박해 증언을 조작하려 했고, 당사자들은 대리인
을 회유·협박해 증언을 못하게 하려 했다. 어느 쪽의 회유가 더 달
콤한지, 협박이 더 무서운지에 따라 증언의 내용이 달라질 수 있었
다. 그런데 만약 제3자의 회유와 협박이 통하지 않을 정도로 대리인
과 당사자들 간 신뢰가 돈독하다면? 가족만큼이나 긴밀한 사람이라
면? 조선시대에는 첩이 바로 그런 사람이었다. 첩은 가족이라고도

아니라고도 할 수 없는 존재였다. 가족만큼 가깝지만 따로 살면서 외부로 잘 드러나지 않으며, 수사기관에 걸리더라도 유대관계로 인해 배신이 쉽지 않으리라는 믿음이 있는 사람이었다.

첩이 뇌물수수의 대리인이 되었던 이유는 또 있다. 조선시대 관리는 지방으로 발령받아 내려갈 때 부인을 데리고 갈 수 없었다. 표면적으로는 '정부가 가족의 체류비까지 지원해줄 수는 없다'는 것이었지만, 진짜 이유는 뇌물 때문이었다. 가족을 동행하지 못하게 함으로써 뇌물의 가능성을 아예 차단한다는 것이었다. 그런데 이상하게도 동행금지 대상에서 첩은 예외였다. 부득이 첩을 데리고 가지 못해도 방법은 있었다. 바로 현지에서 첩을 두는 것이다. 주로 그 지역 기녀가 첩으로 선택되었는데, 이런 의미에서 현지 첩은 데리고 간 첩보다 유능했다. 뇌물도 인맥이 있어야 가능한데, 지역 사정과 인물들을 모두 꿰고 있는 현지 첩은 정보제공자로서 안성맞춤이었던 것이다. 또 뇌물을 밝히더라도 비난의 화살이 대부분 첩에게 돌아간 것도 이점이었다. 청탁자의 입장에서도 생판 모르는 타지 출신보다는 직접적인 친분은 없더라도 동향임을 내세워 인정에 호소할 수 있는 현지인이 나았다. 현지의 첩은 받는 자와 주는 자의 이해에 맞는 최고의 인물이었던 것이다.

그림자 속에서 불법을 주도하다

양지의 꽃은 시들고 응달의 꽃은 화사하게 핀 늦은 봄날의 어느 날 대청마루, 3단장에 교방탁자에 연적과 도자기에 트레머리의 여인을 보니 봉놋방에 국밥이나 내주던 주막이 아니라 위세깨나 부리던 기녀의 술청이다. 그런데 흥청망청 화기애애해야 할 술자리가 묘하게 굳어 있다. 기생을 희롱하는 끈적함도 없고 풍악과 가무의 질펀함도 없다. 국자를 든 기녀의 손도, 안주를 집던 무예청 별감

사령과 뇌물수수현장을 급습한 감찰관을 그린 신윤복의 〈주사거배(酒肆擧盃)〉

의 젓가락질도 멈췄다. 별감 뒤로 봉투를 건네려던 장사치는 얼어붙다 못해 무릎까지 꺾였다. 딱 몰래 집어먹다 걸린 얼굴들이다. 임금이 밀파한 감찰관이 사령을 대동하고 뇌물수수현장을 급습한 때문이다. 그림은 18세기 조선에서 흔했던, 기녀의 술청에서 공공연하게 벌어지던 뇌물수수를 소재로 한 신윤복의 풍속화다. 그림 속 여인이 뇌물을 받는 별감의 애첩이었는지는 확인할 수 없지만, 뇌물수수의 증인임은 분명하다. 불법은 증인을 많이 남기려 하지 않는다. 이는 곧 믿을 수 없는 사람은 동석이 불가능하다는 의미다. 중종 때 외척 윤원형의 첩 정난정이 그랬듯 이름 있는 술청의 기녀는 현역 때에는 은밀한 뇌물수수를 위한 장소를 제공했고, 나이가 들어서는 양반의 첩이 되어 과거의 인맥과 정실부인보다 자유로운 위치를 이용해 뇌물수수의 통로, 브로커 역할을 수행했다. 공식적으로 첩이 금지된 오늘날엔 누가 그 자리를 대신하고 있을까?

좋은 **책**을 만드는 길
독자님과 **함께**하겠습니다.

교과서 밖 세계사

초 판 발 행	2021년 06월 04일(인쇄 2021년 05월 28일)
발 행 인	박영일
책 임 편 집	이해욱
저 자	이다온
편 집 진 행	김준일 · 이세경
표지디자인	김도연
편집디자인	임아람
발 행 처	(주)시대인
공 급 처	(주)시대고시기획
출 판 등 록	제 10-1521호
주 소	서울시 마포구 큰우물로 75 [도화동 538 성지 B/D] 9F
전 화	1600-3600
팩 스	02-701-8823
홈 페 이 지	www.edusd.co.kr
I S B N	979-11-254-9948-0(13900)
정 가	16,000원

※ 저자와의 협의에 의해 인지를 생략합니다.
※ 이 책은 저작권법의 보호를 받는 저작물이므로 동영상 제작 및 무단전재와 배포를 금합니다.
※ 잘못된 책은 구입하신 서점에서 바꾸어 드립니다.